Манифест Коммунистической Партии
Manifesto of the Communist Party

(Russian/English Bilingual Text)

Karl Marx; Friedrich Engels

Manifesto of the Communist Party (Rus/Eng Bilingual Edition)
Copyright © Jiahu Books 2013
First Published in Great Britain in 2013 by Jiahu Books – part of
Richardson-Prachai Solutions Ltd, 34 Egerton Gate, Milton Keynes,
MK5 7HH
ISBN: 978-1-909669-04-8
Conditions of sale
A CIP catalogue record for this book is available from the British
Library
Visit us at: jiahubooks.co.uk

Preface

The Manifesto of the Communist Party was co-authoured by political theorists Karl Marx and Friedrich Engels and first published in London during the year 1848. Despite its brevity it went on to become one of the most influential political treatises of recent times with its impact continuing into the 21st century. It was commissioned by the Communist League in order to lay out the League's purposes and program and in doing so it presents an analytical approach to class struggle (both historical and present) and the problems of capitalism. It also briefly features their ideas for how the capitalist society of the time would eventually be replaced by socialism, and then eventually communism. However, contrary to popular perception, it does not describe the potential composition of a future communist state.

Since The Communist Manifesto was produced in an era of great social distress, it was the result of Marx's desire to eliminate the gap between the Proletariats and Bourgeoisies to ameliorate the social, political, and economic conditions of the Proletarians. Marx scrutinized the class differences and social inequality between these two groups (he coined the terms Proletarian and Bourgeois to represent social classes that own the means of production and those that do not). To achieve equality, Marx encouraged the Proletarians to conspire against the Bourgeoisies to end the exploitation of lower social classes and set up a communistic society where class distinction is a leap of imagination.

Given the failure of the capitalistic model across the Western world a similar feeling of discontent is spreading across society, which is again roughly divided between those that the means of production (especially land) and those that do not.

A quick note on the layout of the texts – extra lines breaks have been added in places to keep the Russian and English texts aligned as closely as possible. Only on very few occasions have original paragraph breaks in the English text been edited to maintain a closer resemblance to the Russian text. No changes at all have been made to the Russian text. You will notice that on the whole the Russian text is much longer than the English one: this is in part due to the nature of the Russian alphabet which has many wide letters (and few tall ones) but the main cause of the differences is that

the Russian language at the time lacked much of the economic vocabulary that is critical to the treatise. As a result the Russian text occasionally uses an entire clause to translate a term from the original German.

The Manifesto is divided into an introduction, three substantive sections, and a conclusion.

Introduction

The preamble to the main text of the Manifesto states that the continent of Europe fears the "spectre of communism" (призрак коммунизма), and the powers of old Europe are uniting in "a holy alliance [intended to] exorcise this spectre" (священной травли этого призрака). Marx refers here to not only the houses of power and landed gentry of old Europe—the bourgeoisie—but diverse factions such as the papacy and the emerging corporate world as well.

I. Буржуа и пролетарии - Bourgeois and Proletarians

The first chapter of the Manifesto examines the Marxist conception of history, with the initial idea asserting that "The history of all hitherto existing society is the history of class struggles" (История всех до сих пор существовавших обществ была историей борьбы классов). It goes on to say that in capitalism, the proletariat, are fighting in the class struggle against the bourgeois, and that past class struggle ended either with revolution that restructured society, or "common ruin of the contending classes" (общей гибелью борющихся классов). The Manifesto explains that the reason the bourgeois exist and exploit the proletariat with low wages is private property and that competition amongst the proletariat creates wage-labour, which rests entirely on the competition among the workers.
This section further explains that the proletarians will eventually rise to power through class struggle: the bourgeoisie constantly exploits the proletariat for its manual labour and cheap wages, ultimately to create profit for the bourgeois; the proletariat rise to power through revolution against the bourgeoisie such as riots or creation of unions. The Communist Manifesto states that while there is still class struggle amongst society, capitalism will be overthrown by the proletariat only to start again in the

6

near future; ultimately communism is the key to class equality amongst the citizens of Europe.

II. Пролетарии и коммунисты - Proletarians and Communists

The second section starts by stating the relationship of conscious communists to the rest of the working class, declaring that they will not form a separate party that opposes other working-class parties, will express the interests and general will of the proletariat as a whole, and will distinguish themselves from other working-class parties by always expressing the common interest of the entire proletariat independently of all nationalities and representing the interests of the movement as a whole. The section goes on to defend communism from various objections, such as the claim that communists advocate free love, and the claim that people will not perform labor in a communist society because they have no incentive to work. The section ends by outlining a set of short-term demands:

1. Abolition of property in land and application of all rents of land to public purposes.
2. A heavy progressive or graduated income tax.
3. Abolition of all right of inheritance.
4. Confiscation of the property of all emigrants and rebels.
5. Centralisation of credit in the hands of the State, by means of a national bank with Statecapital and an exclusive monopoly.
6. Centralisation of the means of communication and transport in the hands of the State.
7. Extension of factories and instruments of production owned by the State; the bringing into cultivation of waste-lands, and the improvement of the soil generally in accordance with a common plan.
8. Equal liability of all to labour. Establishment of industrial armies, especially for agriculture.
9. Combination of agriculture with manufacturing industries; gradual abolition of the distinction between town and country, by a more equitable distribution of the populationover the country.

10. Free education for all children in public schools. Abolition of children's factory labour in its present form and combination of education with industrial production.

The implementation of these policies would, as believed by Marx and Engels, be a precursor to the stateless and classless society. In a controversial passage they suggested that the proletariat might in competition with the bourgeoisie be compelled to organise as a class, form a revolution, make itself a ruling class, sweep away the old conditions of production, and in that step have abolished its own supremacy as a class. This account of the transition from socialism to communism was criticised particularly during and after the Soviet era.

III. Социалистическая и коммунистическая литература - Socialist and Communist Literature

The third section distinguishes communism from other socialist doctrines prevalent at the time the Manifesto was written. While the degree of reproach of Marx and Engels toward rival perspectives varies, all are dismissed for advocating reformism and failing to recognise the preeminent role of the working class.

IV. Отношение коммунистов к различным оппозиционным партиям- Position of the Communists in Relation to the Various Opposition Parties

The concluding section briefly discusses the communist position on struggles in specific countries in the mid-nineteenth century such as France, Switzerland, Poland, and Germany, and declares that Germany "is on the eve of a bourgeois revolution" (накануне буржуазной революции), and predicts that a world revolution will soon follow. It then ends by declaring an alliance with the social democrats, boldly supporting other communist revolutions, and calling the proletarians to action, ending with the rallying cry of communism:

Workers of the world, unite!
Пролетарии всех стран, соединяйтесь!

RUSSIAN/ENGLISH BILINGUAL TEXT

Манифест коммунистической партии

Призрак бродит по Европе — призрак коммунизма. Все силы старой Европы объединились для священной травли этого призрака: папа и царь, Меттерних и Гизо, французские радикалы и немецкие полицейские.

Где та оппозиционная партия, которую ее противники, стоящие у власти, не ославили бы коммунистической? Где та оппозиционная партия, которая в свою очередь не бросала бы клеймящего обвинения в коммунизме как более передовым представителям оппозиции, так и своим реакционным противникам? Два вывода вытекают из этого факта.

Коммунизм признается уже силой всеми европейскими силами.

Пора уже коммунистам перед всем миром открыто изложить свои взгляды, свои цели, свои стремления и сказкам о призраке коммунизма противопоставить манифест самой партии.

С этой целью в Лондоне собрались коммунисты самых различных национальностей и составили следующий «Манифест», который публикуется на английском, французском, немецком, итальянском, фламандском и датском языках.

I. Буржуа и пролетарии

История всех до сих пор существовавших обществ была историей борьбы классов.

Свободный и раб, патриций и плебей, помещик и крепостной, мастер и подмастерье, короче, угнетающий и угнетаемый находились в вечном антагонизме друг к другу, вели непрерывную, то скрытую, то явную борьбу, всегда кончавшуюся революционным переустройством всего общественного здания или общей гибелью борющихся классов. В предшествующие исторические эпохи мы находим почти повсюду полное расчленение общества на различные сословия,- целую лестницу различных общественных положений. В Древнем Риме мы встречаем патрициев, всадников, плебеев, рабов; в средние века — феодальных господ, вассалов, цеховых мастеров, подмастерьев, крепостных, и к тому же почти в каждом из этих классов — еще особые градации.

Manifesto of the Communist Party

A spectre is haunting Europe – the spectre of communism. All the powers of old Europe have entered into a holy alliance to exorcise this spectre: Pope and Tsar, Metternich and Guizot, French Radicals and German police-spies.

Where is the party in opposition that has not been decried as communistic by its opponents in power? Where is the opposition that has not hurled back the branding reproach of communism, against the more advanced opposition parties, as well as against its reactionary adversaries?

Two things result from this fact:

I. Communism is already acknowledged by all European powers to be itself a power.

II. It is high time that Communists should openly, in the face of the whole world, publish their views, their aims, their tendencies, and meet this nursery tale of the Spectre of Communism with a manifesto of the party itself.

To this end, Communists of various nationalities have assembled in London and sketched the following manifesto, to be published in the English, French, German, Italian, Flemish and Danish languages.

1. Bourgeois and Prolaterians

The history of all hitherto existing society is the history of class struggles.

Freeman and slave, patrician and plebeian, lord and serf, guild-master and journeyman, in a word, oppressor and oppressed, stood in constant opposition to one another, carried on an uninterrupted, now hidden, now open fight, a fight that each time ended, either in a revolutionary reconstitution of society at large, or in the common ruin of the contending classes.

In the earlier epochs of history, we find almost everywhere a complicated arrangement of society into various orders, a manifold gradation of social rank. In ancient Rome we have patricians, knights, plebeians, slaves; in the Middle Ages, feudal lords, vassals, guild-masters, journeymen, apprentices, serfs; in almost all of these classes, again, subordinate gradations.

Вышедшее из недр погибшего феодального общества современное буржуазное общество не уничтожило классовых противоречий. Оно только поставило новые классы, новые условия угнетения и новые формы борьбы на место старых.

Наша эпоха, эпоха буржуазии, отличается, однако, тем, что она упростила классовые противоречия: общество все более и более раскалывается на два большие враждебные лагеря, на два большие, стоящие друг против друга, класса — буржуазию и пролетариат.

Из крепостных средневековья вышло свободное население первых городов; из этого сословия горожан развились первые элементы буржуазии.

Открытие Америки и морского пути вокруг Африки создало для подымающейся буржуазии новое поле деятельности. Остиндский и китайский рынки, колонизация Америки, обмен с колониями, увеличение количества средств обмена и товаров вообще дали неслыханный до тех пор толчок торговле, мореплаванию, промышленности и тем самым вызвали в распадавшемся феодальном обществе быстрое развитие революционного элемента.

Прежняя феодальная, или цеховая, организация промышленности более не могла удовлетворить спроса, возраставшего вместе с новыми рынками. Место ее заняла мануфактура. Цеховые мастера были вытеснены промышленным средним сословием; разделение труда между различными корпорациями исчезло, уступив место разделению труда внутри отдельной мастерской.

Но рынки все росли, спрос все увеличивался. Удовлетворить его не могла уже и мануфактура. Тогда пар и машина произвели революцию в промышленности. Место мануфактуры заняла современная крупная промышленность, место промышленного среднего сословия заняли миллионеры-промышленники, предводители целых промышленных армий, современные буржуа.

Крупная промышленность создала всемирный рынок, подготовленный открытием Америки. Всемирный рынок вызвал колоссальное развитие торговли, мореплавания и средств сухопутного сообщения. Это в свою очередь оказало воздействие на расширение промышленности, и в той же мере, в какой росли промышленность, торговля, мореплавание, железные дороги, развивалась буржуазия,

The modern bourgeois society that has sprouted from the ruins of feudal society has not done away with class antagonisms. It has but established new classes, new conditions of oppression, new forms of struggle in place of the old ones.

Our epoch, the epoch of the bourgeoisie, possesses, however, this distinct feature: it has simplified class antagonisms. Society as a whole is more and more splitting up into two great hostile camps, into two great classes directly facing each other – Bourgeoisie and Proletariat.

From the serfs of the Middle Ages sprang the chartered burghers of the earliest towns. From these burgesses the first elements of the bourgeoisie were developed.

The discovery of America, the rounding of the Cape, opened up fresh ground for the rising bourgeoisie. The East-Indian and Chinese markets, the colonisation of America, trade with the colonies, the increase in the means of exchange and in commodities generally, gave to commerce, to navigation, to industry, an impulse never before known, and thereby, to the revolutionary element in the tottering feudal society, a rapid development.

The feudal system of industry, in which industrial production was monopolised by closed guilds, now no longer sufficed for the growing wants of the new markets. The manufacturing system took its place. The guild-masters were pushed on one side by the manufacturing middle class; division of labour between the different corporate guilds vanished in the face of division of labour in each single workshop.

Meantime the markets kept ever growing, the demand ever rising. Even manufacturer no longer sufficed. Thereupon, steam and machinery revolutionised industrial production. The place of manufacture was taken by the giant, Modern Industry; the place of the industrial middle class by industrial millionaires, the leaders of the whole industrial armies, the modern bourgeois.

Modern industry has established the world market, for which the discovery of America paved the way. This market has given an immense development to commerce, to navigation, to communication by land. This development has, in its turn, reacted on the extension of industry; and in proportion as industry, commerce, navigation, railways extended, in the same proportion the bourgeoisie developed, increased its capital,

13

она увеличивала свои капиталы и оттесняла на задний план все классы, унаследованные от средневековья.

Мы видим, таким образом, что современная буржуазия сама является продуктом длительного процесса развития, ряда переворотов в способе производства и обмена.

Каждая из этих ступеней развития буржуазии сопровождалась соответствующим политическим успехом. Угнетенное сословие при господстве феодалов, вооруженная и самоуправляющаяся ассоциация в коммуне, тут — независимая городская республика, там — третье, податное сословие монархии, затем, в период мануфактуры, — противовес дворянству в сословной или в абсолютной монархии и главная основа крупных монархий вообще, наконец, со времени установления крупной промышленности и всемирного рынка, она завоевала себе исключительное политическое господство в современном представительном государстве. Современная государственная власть — это только комитет, управляющий общими делами всего класса буржуазии.

Буржуазия сыграла в истории чрезвычайно революционную роль.

Буржуазия, повсюду, где она достигла господства, разрушила все феодальные, патриархальные, идиллические отношения. Безжалостно разорвала она пестрые феодальные путы, привязывавшие человека к его «естественным повелителям», и не оставила между людьми никакой другой связи, кроме голого интереса, бессердечного «чистогана». В ледяной воде эгоистического расчета потопила она священный трепет религиозного экстаза, рыцарского энтузиазма, мещанской сентиментальности. Она превратила личное достоинство человека в меновую стоимость и поставила на место бесчисленных пожалованных и благоприобретенных свобод одну бессовестную свободу торговли. Словом, эксплуатацию, прикрытую религиозными и политическими иллюзиями, она заменила эксплуатацией открытой, бесстыдной, прямой, черствой.

Буржуазия лишила священного ореола все роды деятельности, которые до тех пор считались почетными и на которые смотрели с благоговейным трепетом. Врача, юриста, священника, поэта, человека науки она превратила в своих платных наемных работников.

and pushed into the background every class handed down from the Middle Ages.

We see, therefore, how the modern bourgeoisie is itself the product of a long course of development, of a series of revolutions in the modes of production and of exchange.

Each step in the development of the bourgeoisie was accompanied by a corresponding political advance of that class. An oppressed class under the sway of the feudal nobility, an armed and self-governing association in the medieval commune: here independent urban republic (as in Italy and Germany); there taxable "third estate" of the monarchy (as in France); afterwards, in the period of manufacturing proper, serving either the semi-feudal or the absolute monarchy as a counterpoise against the nobility, and, in fact, cornerstone of the great monarchies in general, the bourgeoisie has at last, since the establishment of Modern Industry and of the world market, conquered for itself, in the modern representative State, exclusive political sway. The executive of the modern state is but a committee for managing the common affairs of the whole bourgeoisie.

The bourgeoisie, historically, has played a most revolutionary part.

The bourgeoisie, wherever it has got the upper hand, has put an end to all feudal, patriarchal, idyllic relations. It has pitilessly torn asunder the motley feudal ties that bound man to his "natural superiors", and has left remaining no other nexus between man and man than naked self-interest, than callous "cash payment". It has drowned the most heavenly ecstasies of religious fervour, of chivalrous enthusiasm, of philistine sentimentalism, in the icy water of egotistical calculation. It has resolved personal worth into exchange value, and in place of the numberless indefeasible chartered freedoms, has set up that single, unconscionable freedom – Free Trade. In one word, for exploitation, veiled by religious and political illusions, it has substituted naked, shameless, direct, brutal exploitation.

The bourgeoisie has stripped of its halo every occupation hitherto honoured and looked up to with reverent awe. It has converted the physician, the lawyer, the priest, the poet, the man of science, into its paid wage labourers.

Буржуазия сорвала с семейных отношений их трогательно сентиментальный покров и свела их к чисто денежным отношениям.

Буржуазия показала, что грубое проявление силы в средние века, вызывающее такое восхищение у реакционеров, находило себе естественное дополнение в лени и неподвижности. Она впервые показала, чего может достигнуть человеческая деятельность. Она создала чудеса искусства, но совсем иного рода, чем египетские пирамиды, римские водопроводы и готические соборы; она совершила совсем иные походы, чем переселение народов и крестовые походы.

Буржуазия не может существовать, не вызывая постоянно переворотов в орудиях производства, не революционизируя, следовательно, производственных отношений, а стало быть, и всей совокупности общественных отношений. Напротив, первым условием существования всех прежних промышленных классов было сохранение старого способа производства в неизменном виде. Беспрестанные перевороты в производстве, непрерывное потрясение всех общественных отношений, вечная неуверенность и движение отличают буржуазную эпоху от всех других. Все застывшие, покрывшиеся ржавчиной отношения, вместе с сопутствующими им, веками освященными представлениями и воззрениями, разрушаются, все возникающие вновь оказываются устарелыми, прежде чем успевают окостенеть. Все сословное и застойное исчезает, все священное оскверняется, и люди приходят, наконец, к необходимости взглянуть трезвыми глазами на свое жизненное положение и свои взаимные отношения.

Потребность в постоянно увеличивающемся сбыте продуктов гонит буржуазию по всему земному шару. Всюду должна она внедриться, всюду обосноваться, всюду установить связи.

Буржуазия путем эксплуатации всемирного рынка сделала производство и потребление всех стран космополитическим. К великому огорчению реакционеров она вырвала из-под ног промышленности национальную почву. Исконные национальные отрасли промышленности уничтожены и продолжают уничтожаться с каждым днем. Их вытесняют новые отрасли промышленности, введение которых становится вопросом жизни для всех цивилизованных наций,

The bourgeoisie has torn away from the family its sentimental veil, and has reduced the family relation to a mere money relation.

The bourgeoisie has disclosed how it came to pass that the brutal display of vigour in the Middle Ages, which reactionaries so much admire, found its fitting complement in the most slothful indolence. It has been the first to show what man's activity can bring about. It has accomplished wonders far surpassing Egyptian pyramids, Roman aqueducts, and Gothic cathedrals; it has conducted expeditions that put in the shade all former Exoduses of nations and crusades.

The bourgeoisie cannot exist without constantly revolutionising the instruments of production, and thereby the relations of production, and with them the whole relations of society. Conservation of the old modes of production in unaltered form, was, on the contrary, the first condition of existence for all earlier industrial classes. Constant revolutionising of production, uninterrupted disturbance of all social conditions, everlasting uncertainty and agitation distinguish the bourgeois epoch from all earlier ones. All fixed, fast-frozen relations, with their train of ancient and venerable prejudices and opinions, are swept away, all new-formed ones become antiquated before they can ossify. All that is solid melts into air, all that is holy is profaned, and man is at last compelled to face with sober senses his real conditions of life, and his relations with his kind.

The need of a constantly expanding market for its products chases the bourgeoisie over the entire surface of the globe. It must nestle everywhere, settle everywhere, establish connexions everywhere.

The bourgeoisie has through its exploitation of the world market given a cosmopolitan character to production and consumption in every country. To the great chagrin of Reactionists, it has drawn from under the feet of industry the national ground on which it stood. All old-established national industries have been destroyed or are daily being destroyed. They are dislodged by new industries, whose introduction becomes a life and death question for all civilised nations,

— отрасли, перерабатывающие уже не местное сырье, а сырье, привозимое из самых отдаленных областей земного шара, и вырабатывающие фабричные продукты, потребляемые не только внутри данной страны, но и во всех частях света. Вместо старых потребностей, удовлетворявшихся отечественными продуктами, возникают новые, для удовлетворения которых требуются продукты самых отдаленных стран и самых различных климатов. На смену старой местной и национальной замкнутости и существованию за счет продуктов собственного производства приходит всесторонняя связь и всесторонняя зависимость наций друг от друга. Это в равной мере относится как к материальному, так и к духовному производству. Плоды духовной деятельности отдельных наций становятся общим достоянием. Национальная односторонность и ограниченность становятся все более и более невозможными, и из множества национальных и местных литератур образуется одна всемирная литература. Буржуазия быстрым усовершенствованием всех орудий производства и бесконечным облегчением средств сообщения вовлекает в цивилизацию все, даже самые варварские, нации. Дешевые цены ее товаров — вот та тяжелая артиллерия, с помощью которой она разрушает все китайские стены и принуждает к капитуляции самую упорную ненависть варваров к иностранцам. Под страхом гибели заставляет она все нации принять буржуазный способ производства, заставляет их вводить у себя так называемую цивилизацию, т. е. становиться буржуа. Словом, она создает себе мир по своему образу и подобию. Буржуазия подчинила деревню господству города. Она создала огромные города, в высокой степени увеличила численность городского населения по сравнению с сельским и вырвала таким образом значительную часть населения из идиотизма деревенской жизни. Так же как деревню она сделала зависимой от города, так варварские и полуварварские страны она поставила в зависимость от стран цивилизованных, крестьянские народы — от буржуазных народов, Восток - от Запада.

Буржуазия все более и более уничтожает раздробленность средств производства, собственности и населения. Она сгустила население, централизовала средства производства, концентрировала собственность в руках немногих.

by industries that no longer work up indigenous raw material, but raw material drawn from the remotest zones; industries whose products are consumed, not only at home, but in every quarter of the globe. In place of the old wants, satisfied by the production of the country, we find new wants, requiring for their satisfaction the products of distant lands and climes. In place of the old local and national seclusion and self-sufficiency, we have intercourse in every direction, universal inter-dependence of nations. And as in material, so also in intellectual production. The intellectual creations of individual nations become common property. National one-sidedness and narrow-mindedness become more and more impossible, and from the numerous national and local literatures, there arises a world literature.
The bourgeoisie, by the rapid improvement of all instruments of production, by the immensely facilitated means of communication, draws all, even the most barbarian, nations into civilisation. The cheap prices of commodities are the heavy artillery with which it batters down all Chinese walls, with which it forces the barbarians' intensely obstinate hatred of foreigners to capitulate. It compels all nations, on pain of extinction, to adopt the bourgeois mode of production; it compels them to introduce what it calls civilisation into their midst, i.e., to become bourgeois themselves. In one word, it creates a world after its own image.

The bourgeoisie has subjected the country to the rule of the towns. It has created enormous cities, has greatly increased the urban population as compared with the rural, and has thus rescued a considerable part of the population from the idiocy of rural life. Just as it has made the country dependent on the towns, so it has made barbarian and semi-barbarian countries dependent on the civilised ones, nations of peasants on nations of bourgeois, the East on the West.

The bourgeoisie keeps more and more doing away with the scattered state of the population, of the means of production, and of property. It has agglomerated population, centralised the means of production, and has concentrated property in a few hands.

Необходимым следствием этого была политическая централизация. Независимые, связанные почти только союзными отношениями области с различными интересами, законами, правительствами и таможенными пошлинами, оказались сплоченными в одну нацию, с одним правительством, с одним законодательством, с одним национальным классовым интересом, с одной таможенной границей.

Буржуазия менее чем за сто лет своего классового господства создала более многочисленные и более грандиозные производительные силы, чем все предшествовавшие поколения, вместе взятые. Покорение сил природы, машинное производство, применение химии в промышленности и земледелии, пароходство, железные дороги, электрический телеграф, освоение для земледелия целых частей света, приспособление рек для судоходства, целые, словно вызванные из-под земли, массы населения, — какое из прежних столетий могло подозревать, что такие производительные силы дремлют в недрах общественного труда!

Итак, мы видели, что средства производства и обмена, на основе которых сложилась буржуазия, были созданы в феодальном обществе. На известной ступени развития этих средств производства и обмена отношения, в которых происходили производство и обмен феодального общества, феодальная организация земледелия и промышленности, одним словом, феодальные отношения собственности, уже перестали соответствовать развившимся производительным силам. Они тормозили производство, вместо того чтобы его развивать. Они превратились в его оковы. Их необходимо было разбить, и они были разбиты.

Место их заняла свободная конкуренция, с соответствующим ей общественным и политическим строем, с экономическим и политическим господством класса буржуазии.

Подобное же движение совершается на наших глазах. Современное буржуазное общество, с его буржуазными отношениями производства и обмена, буржуазными отношениями собственности, создавшее как бы по волшебству столь могущественные средства производства и обмена, походит на волшебника, который не в состоянии более справиться с подземными силами, вызванными его заклинаниями.

The necessary consequence of this was political centralisation. Independent, or but loosely connected provinces, with separate interests, laws, governments, and systems of taxation, became lumped together into one nation, with one government, one code of laws, one national class-interest, one frontier, and one customs-tariff.

The bourgeoisie, during its rule of scarce one hundred years, has created more massive and more colossal productive forces than have all preceding generations together. Subjection of Nature's forces to man, machinery, application of chemistry to industry and agriculture, steam-navigation, railways, electric telegraphs, clearing of whole continents for cultivation, canalisation of rivers, whole populations conjured out of the ground – what earlier century had even a presentiment that such productive forces slumbered in the lap of social labour?

We see then: the means of production and of exchange, on whose foundation the bourgeoisie built itself up, were generated in feudal society. At a certain stage in the development of these means of production and of exchange, the conditions under which feudal society produced and exchanged, the feudal organisation of agriculture and manufacturing industry, in one word, the feudal relations of property became no longer compatible with the already developed productive forces; they became so many fetters. They had to be burst asunder; they were burst asunder.

Into their place stepped free competition, accompanied by a social and political constitution adapted in it, and the economic and political sway of the bourgeois class.
A similar movement is going on before our own eyes. Modern bourgeois society, with its relations of production, of exchange and of property, a society that has conjured up such gigantic means of production and of exchange, is like the sorcerer who is no longer able to control the powers of the nether world whom he has called up by his spells.

Вот уже несколько десятилетий история промышленности и торговли представляет собой лишь историю возмущения современных производительных сил против современных производственных отношений, против тех отношений собственности, которые являются условием существования буржуазии и ее господства. Достаточно указать на торговые кризисы, которые, возвращаясь периодически, все более и более грозно ставят под вопрос существование всего буржуазного общества. Во время торговых кризисов каждый раз уничтожается значительная часть не только изготовленных продуктов, но даже созданных уже производительных сил. Во время кризисов разражается общественная эпидемия, которая всем предшествующим эпохам показалась бы нелепостью, — эпидемия перепроизводства. Общество оказывается вдруг отброшенным назад к состоянию внезапно наступившего варварства, как будто голод, всеобщая опустошительная война лишили его всех жизненных средств; кажется, что промышленность, торговля уничтожены, — и почему? Потому, что общество обладает слишком большой цивилизацией, имеет слишком много жизненных средств, располагает слишком большой промышленностью и торговлей. Производительные силы, находящиеся в его распоряжении, не служат более развитию буржуазных отношений собственности; напротив, они стали непомерно велики для этих отношений, буржуазные отношения задерживают их развитие; и когда производительные силы начинают преодолевать эти преграды, они приводят в расстройство все буржуазное общество, ставят под угрозу существование буржуазной собственности. Буржуазные отношения стали слишком узкими, чтобы вместить созданное ими богатство. — Каким путем преодолевает буржуазия кризисы? С одной стороны, путем вынужденного уничтожения целой массы производительных сил, с другой стороны, путем завоевания новых рынков и более основательной эксплуатации старых. Чем же, следовательно? Тем, что она подготовляет более всесторонние и более сокрушительные кризисы и уменьшает средства противодействия им.

Оружие, которым буржуазия ниспровергла феодализм, направляется теперь против самой буржуазии.

Но буржуазия не только выковала оружие, несущее ей смерть; она породила и людей, которые направят против нее

For many a decade past the history of industry and commerce is but the history of the revolt of modern productive forces against modern conditions of production, against the property relations that are the conditions for the existence of the bourgeois and of its rule. It is enough to mention the commercial crises that by their periodical return put the existence of the entire bourgeois society on its trial, each time more threateningly. In these crises, a great part not only of the existing products, but also of the previously created productive forces, are periodically destroyed. In these crises, there breaks out an epidemic that, in all earlier epochs, would have seemed an absurdity – the epidemic of over-production. Society suddenly finds itself put back into a state of momentary barbarism; it appears as if a famine, a universal war of devastation, had cut off the supply of every means of subsistence; industry and commerce seem to be destroyed; and why? Because there is too much civilisation, too much means of subsistence, too much industry, too much commerce. The productive forces at the disposal of society no longer tend to further the development of the conditions of bourgeois property;on the contrary, they have become too powerful for these conditions, by which they are fettered, and so soon as they overcome these fetters, they bring disorder into the whole of bourgeois society, endanger the existence of bourgeois property. The conditions of bourgeois society are too narrow to comprise the wealth created by them. And how does the bourgeoisie get over these crises? On the one hand by enforced destruction of a mass of productive forces; on the other, by the conquest of new markets, and by the more thorough exploitation of the old ones. That is to say, by paving the way for more extensive and more destructive crises, and by diminishing the means whereby crises are prevented.

The weapons with which the bourgeoisie felled feudalism to the ground are now turned against the bourgeoisie itself.
But not only has the bourgeoisie forged the weapons that bring death to itself; it has also called into existence the men who are to wield those

это оружие, — современных рабочих, *пролетариев*.

В той же самой степени, в какой развивается буржуазия, т. е. капитал, развивается и пролетариат, класс современных рабочих, которые только тогда и могут существовать, когда находят работу, а находят ее лишь до тех пор, пока их труд увеличивает капитал. Эти рабочие, вынужденные продавать себя поштучно, представляют собой такой же товар, как и всякий другой предмет торговли, а потому в равной мере подвержены всем случайностям конкуренции, всем колебаниям рынка.

Вследствие возрастающего применения машин и разделения труда, труд пролетариев утратил всякий самостоятельный характер, а вместе с тем и всякую привлекательность для рабочего. Рабочий становится простым придатком машины, от него требуются только самые простые, самые однообразные, легче всего усваиваемые приемы. Издержки на рабочего сводятся поэтому почти исключительно к жизненным средствам, необходимым для его содержания и продолжения его рода. Но цена всякого товара, а следовательно и труда, равна издержкам его производства. Поэтому в той же самой мере, в какой растет непривлекательность труда, уменьшается заработная плата. Больше того: в той же мере, в какой возрастает применение машин и разделение труда, возрастает и количество труда, за счет ли увеличения числа рабочих часов, или же вследствие увеличения количества труда, требуемого в каждый данный промежуток времени, ускорения хода машин и т. д.

Современная промышленность превратила маленькую мастерскую патриархального мастера в крупную фабрику промышленного капиталиста. Массы рабочих, скученные на фабрике, организуются по-солдатски. Как рядовые промышленной армии, они ставятся под надзор целой иерархии унтер-офицеров и офицеров. Они — рабы не только класса буржуазии, буржуазного государства, ежедневно и ежечасно порабощает их машина, надсмотрщик и прежде всего сам отдельный буржуа-фабрикант. Эта деспотия тем мелочнее, ненавистнее, она тем больше ожесточает, чем откровеннее ее целью провозглашается нажива.

Чем менее искусства и силы требует ручной труд, т. е. чем более развивается современная промышленность, тем более мужской труд вытесняется женским и детским.

weapons – the modern working class – the *proletarians*.

In proportion as the bourgeoisie, i.e., capital, is developed, in the same proportion is the proletariat, the modern working class, developed – a class of labourers, who live only so long as they find work, and who find work only so long as their labour increases capital. These labourers, who must sell themselves piecemeal, are a commodity, like every other article of commerce, and are consequently exposed to all the vicissitudes of competition, to all the fluctuations of the market.

Owing to the extensive use of machinery, and to the division of labour, the work of the proletarians has lost all individual character, and, consequently, all charm for the workman. He becomes an appendage of the machine, and it is only the most simple, most monotonous, and most easily acquired knack, that is required of him. Hence, the cost of production of a workman is restricted, almost entirely, to the means of subsistence that he requires for maintenance, and for the propagation of his race. But the price of a commodity, and therefore also of labour, is equal to its cost of production. In proportion, therefore, as the repulsiveness of the work increases, the wage decreases. Nay more, in proportion, as the use of machinery and division of labour increases, in the same proportion the burden of toil also increases, whether by prolongation of the working hours, by the increase of the work exacted in a given time or by increased speed of machinery, etc.

Modern Industry has converted the little workshop of the patriarchal master into the great factory of the industrial capitalist. Masses of labourers, crowded into the factory, are organised like soldiers. As privates of the industrial army they are placed under the command of a perfect hierarchy of officers and sergeants. Not only are they slaves of the bourgeois class, and of the bourgeois State; they are daily and hourly enslaved by the machine, by the overlooker, and, above all, by the individual bourgeois manufacturer himself. The more openly this despotism proclaims gain to be its end and aim, the more petty, the more hateful and the more embittering it is.

The less the skill and exertion of strength implied in manual labour, in other words, the more modern industry becomes developed, the more is the labour of men superseded by that of women.

25

По отношению к рабочему классу различия пола и возраста утрачивают всякое общественное значение. Существуют лишь рабочие инструменты, требующие различных издержек в зависимости от возраста и пола.

Когда заканчивается эксплуатация рабочего фабрикантом и рабочий получает, наконец, наличными свою заработную плату, на него набрасываются другие части буржуазии — домовладелец, лавочник, ростовщик и т. п.

Низшие слои среднего сословия: мелкие промышленники, мелкие торговцы и рантье, ремесленники и крестьяне — все эти классы опускаются в ряды пролетариата, частью оттого, что их маленького капитала недостаточно для ведения крупных промышленных предприятий и он не выдерживает конкуренции с более крупными капиталистами, частью потому, что их профессиональное мастерство обесценивается в результате введения новых методов производства. Так рекрутируется пролетариат из всех классов населения,

Пролетариат проходит различные ступени развития. Его борьба против буржуазии начинается вместе с его существованием. Сначала борьбу ведут отдельные рабочие, потом рабочие одной фабрики, затем рабочие одной отрасли труда в одной местности против отдельного буржуа, который их непосредственно эксплуатирует. Рабочие направляют свои удары не только против буржуазных производственных отношений, но и против самих орудий производства; они уничтожают конкурирующие иностранные товары, разбивают машины, поджигают фабрики, силой пытаются восстановить потерянное положение средневекового рабочего.

На этой ступени рабочие образуют рассеянную по всей стране и раздробленную конкуренцией массу. Сплочение рабочих масс пока является еще не следствием их собственного объединения, а лишь следствием объединения буржуазии, которая для достижения своих собственных политических целей должна, и пока еще может, приводить в движение весь пролетариат. На этой ступени пролетарии борются, следовательно, не со своими врагами, а с врагами своих врагов — с остатками абсолютной монархии, землевладельцами, непромышленными буржуа, мелкими буржуа. Все историческое движение сосредоточивается, таким образом, в руках буржуазии; каждая одержанная в таких условиях победа является победой буржуазии.

Differences of age and sex have no longer any distinctive social validity for the working class. All are instruments of labour, more or less expensive to use, according to their age and sex.

No sooner is the exploitation of the labourer by the manufacturer, so far, at an end, that he receives his wages in cash, than he is set upon by the other portions of the bourgeoisie, the landlord, the shopkeeper, the pawnbroker, etc.

The lower strata of the middle class – the small tradespeople, shopkeepers, and retired tradesmen generally, the handicraftsmen and peasants – all these sink gradually into the proletariat, partly because their diminutive capital does not suffice for the scale on which Modern Industry is carried on, and is swamped in the competition with the large capitalists, partly because their specialised skill is rendered worthless by new methods of production. Thus the proletariat is recruited from all classes of the population.

The proletariat goes through various stages of development. With its birth begins its struggle with the bourgeoisie. At first the contest is carried on by individual labourers, then by the workpeople of a factory, then by the operative of one trade, in one locality, against the individual bourgeois who directly exploits them. They direct their attacks not against the bourgeois conditions of production, but against the instruments of production themselves; they destroy imported wares that compete with their labour, they smash to pieces machinery, they set factories ablaze, they seek to restore by force the vanished status of the workman of the Middle Ages.

At this stage, the labourers still form an incoherent mass scattered over the whole country, and broken up by their mutual competition. If anywhere they unite to form more compact bodies, this is not yet the consequence of their own active union, but of the union of the bourgeoisie, which class, in order to attain its own political ends, is compelled to set the whole proletariat in motion, and is moreover yet, for a time, able to do so. At this stage, therefore, the proletarians do not fight their enemies, but the enemies of their enemies, the remnants of absolute monarchy, the landowners, the non-industrial bourgeois, the petty bourgeois. Thus, the whole historical movement is concentrated in the hands of the bourgeoisie; every victory so obtained is a victory for the bourgeoisie.

Но с развитием промышленности пролетариат не только возрастает численно; он скопляется в большие массы, сила его растет, и он все более ее ощущает. Интересы и условия жизни пролетариата все более и более уравниваются по мере того, как машины все более стирают различия между отдельными видами труда и почти всюду низводят заработную плату до одинаково низкого уровня.

Возрастающая конкуренция буржуа между собою и вызываемые ею торговые кризисы ведут к тому, что заработная плата рабочих становится все неустойчивее; все быстрее развивающееся, непрерывное совершенствование машин делает жизненное положение пролетариев все менее обеспеченным; столкновения между отдельным рабочим и отдельным буржуа все более принимают характер столкновений между двумя классами. Рабочие начинают с того, что образуют коалиции6 против буржуа; они выступают сообща для защиты своей заработной платы. Они основывают даже постоянные ассоциации для того, чтобы обеспечить себя средствами на случай возможных столкновений. Местами борьба переходит в открытые восстания.

Рабочие время от времени побеждают, но эти победы лишь преходящи. Действительным результатом их борьбы является не непосредственный успех, а все шире распространяющееся объединение рабочих. Ему способствуют все растущие средства сообщения, создаваемые крупной промышленностью и устанавливающие связь между рабочими различных местностей. Лишь эта связь и требуется для того, чтобы централизовать многие местные очаги борьбы, носящей повсюду одинаковый характер, и слить их в одну национальную, классовую борьбу. А всякая классовая борьба есть борьба политическая. И объединение, для которого средневековым горожанам с их проселочными дорогами требовались столетия, достигается современными пролетариями, благодаря железным дорогам, в течение немногих лет.

Эта организация пролетариев в класс, и тем самым — в политическую партию, ежеминутно вновь разрушается конкуренцией между самими рабочими. Но она возникает снова и снова, становясь каждый раз сильнее, крепче, могущественнее. Она заставляет признать отдельные интересы рабочих в законодательном порядке,

But with the development of industry, the proletariat not only increases in number; it becomes concentrated in greater masses, its strength grows, and it feels that strength more. The various interests and conditions of life within the ranks of the proletariat are more and more equalised, in proportion as machinery obliterates all distinctions of labour, and nearly everywhere reduces wages to the same low level. The growing competition among the bourgeois, and the resulting commercial crises, make the wages of the workers ever more fluctuating. The increasing improvement of machinery, ever more rapidly developing, makes their livelihood more and more precarious; the collisions between individual workmen and individual bourgeois take more and more the character of collisions between two classes. Thereupon, the workers begin to form combinations (Trades' Unions) against the bourgeois; they club together in order to keep up the rate of wages; they found permanent associations in order to make provision beforehand for these occasional revolts. Here and there, the contest breaks out into riots.

Now and then the workers are victorious, but only for a time. The real fruit of their battles lies, not in the immediate result, but in the ever expanding union of the workers. This union is helped on by the improved means of communication that are created by modern industry, and that place the workers of different localities in contact with one another. It was just this contact that was needed to centralise the numerous local struggles, all of the same character, into one national struggle between classes. But every class struggle is a political struggle. And that union, to attain which the burghers of the Middle Ages, with their miserable highways, required centuries, the modern proletarian, thanks to railways, achieve in a few years.

This organisation of the proletarians into a class, and, consequently into a political party, is continually being upset again by the competition between the workers themselves. But it ever rises up again, stronger, firmer, mightier. It compels legislative recognition of particular interests of the workers,

используя для этого раздоры между отдельными слоями буржуазии. Например, закон о десятичасовом рабочем дне в Англии.

Вообще столкновения внутри старого общества во многих отношениях способствуют процессу развития пролетариата. Буржуазия ведет непрерывную борьбу: сначала против аристократии, позднее против тех частей самой же буржуазии, интересы которых приходят в противоречие с прогрессом промышленности, и постоянно — против буржуазии всех зарубежных стран. Во всех этих битвах она вынуждена обращаться к пролетариату, призывать его на помощь и вовлекать его таким образом в политическое движение. Она, следовательно, сама передает пролетариату элементы своего собственного образования, т. е. оружие против самой себя.

Далее, как мы видели, прогресс промышленности сталкивает в ряды пролетариата целые слои господствующего класса или, по крайней мере, ставит под угрозу условия их жизни. Они также приносят пролетариату большое количество элементов образования. Наконец, в те периоды, когда классовая борьба приближается к развязке, процесс разложения внутри господствующего класса, внутри всего старого общества принимает такой бурный, такой резкий характер, что небольшая часть господствующего класса отрекается от него и примыкает к революционному классу, к тому классу, которому принадлежит будущее. Вот почему, как прежде часть дворянства переходила к буржуазии, так теперь часть буржуазии переходит к пролетариату, именно — часть буржуа-идеологов, которые возвысились до теоретического понимания всего хода исторического движения.

Из всех классов, которые противостоят теперь буржуазии, только пролетариат представляет собой действительно революционный класс. Все прочие классы приходят в упадок и уничтожаются с развитием крупной промышленности, пролетариат же есть ее собственный продукт.

Средние сословия: мелкий промышленник, мелкий торговец, ремесленник и крестьянин — все они борются с буржуазией для того, чтобы спасти свое существование от гибели, как средних сословий. Они, следовательно, не революционны, а консервативны. Даже более, они реакционны: они стремятся повернуть назад колесо

by taking advantage of the divisions among the bourgeoisie itself. Thus, the ten-hours' bill in England was carried.

Altogether collisions between the classes of the old society further, in many ways, the course of development of the proletariat. The bourgeoisie finds itself involved in a constant battle. At first with the aristocracy; later on, with those portions of the bourgeoisie itself, whose interests have become antagonistic to the progress of industry; at all time with the bourgeoisie of foreign countries. In all these battles, it sees itself compelled to appeal to the proletariat, to ask for help, and thus, to drag it into the political arena. The bourgeoisie itself, therefore, supplies the proletariat with its own elements of political and general education, in other words, it furnishes the proletariat with weapons for fighting the bourgeoisie.

Further, as we have already seen, entire sections of the ruling class are, by the advance of industry, precipitated into the proletariat, or are at least threatened in their conditions of existence. These also supply the proletariat with fresh elements of enlightenment and progress.

Finally, in times when the class struggle nears the decisive hour, the progress of dissolution going on within the ruling class, in fact within the whole range of old society, assumes such a violent, glaring character, that a small section of the ruling class cuts itself adrift, and joins the revolutionary class, the class that holds the future in its hands. Just as, therefore, at an earlier period, a section of the nobility went over to the bourgeoisie, so now a portion of the bourgeoisie goes over to the proletariat, and in particular, a portion of the bourgeois ideologists, who have raised themselves to the level of comprehending theoretically the historical movement as a whole.

Of all the classes that stand face to face with the bourgeoisie today, the proletariat alone is a really revolutionary class. The other classes decay and finally disappear in the face of Modern Industry; the proletariat is its special and essential product.

The lower middle class, the small manufacturer, the shopkeeper, the artisan, the peasant, all these fight against the bourgeoisie, to save from extinction their existence as fractions of the middle class. They are therefore not revolutionary, but conservative. Nay more, they are reactionary, for they try to roll back the wheel of history.

истории. Если они революционны, то постольку, поскольку им предстоит переход в ряды пролетариата, поскольку они защищают не свои настоящие, а свои будущие интересы, поскольку они покидают свою собственную точку зрения для того, чтобы встать на точку зрения пролетариата.

Люмпен-пролетариат, этот пассивный продукт гниения самых низших слоев старого общества, местами вовлекается пролетарской революцией в движение, но в силу всего своего жизненного положения он гораздо более склонен продавать себя для реакционных козней.

Жизненные условия старого общества уже уничтожены в жизненных условиях пролетариата. У пролетария нет собственности; его отношение к жене и детям не имеет более ничего общего с буржуазными семейными отношениями; современный промышленный труд, современное иго капитала, одинаковое как в Англии, так и во Франции, как в Америке, так и в Германии, стерли с него всякий национальный характер. Законы, мораль, религия — все это для него не более как буржуазные предрассудки, за которыми скрываются буржуазные интересы.

Все прежние классы, завоевав себе господство, стремились упрочить уже приобретенное ими положение в жизни, подчиняя все общество условиям, обеспечивающим их способ присвоения. Пролетарии же могут завоевать общественные производительные силы, лишь уничтожив свой собственный нынешний способ присвоения, а тем самым и весь существовавший до сих пор способ присвоения в целом. У пролетариев нет ничего своего, что надо было бы им охранять, они должны разрушить все, что до сих пор охраняло и обеспечивало частную собственность.

Все до сих пор происходившие движения были движениями меньшинства или совершались в интересах меньшинства. Пролетарское движение есть самостоятельное движение огромного большинства в интересах огромного большинства. Пролетариат, самый низший слой современного общества, не может подняться, не может выпрямиться без того, чтобы при этом не взлетела на воздух вся возвышающаяся над ним надстройка из слоев, образующих официальное общество.

Если не по содержанию, то по форме борьба пролетариата против буржуазии является сначала борьбой национальной. Пролетариат каждой страны, конечно, должен сперва покончить со своей собственной буржуазией.

If by chance, they are revolutionary, they are only so in view of their impending transfer into the proletariat; they thus defend not their present, but their future interests, they desert their own standpoint to place themselves at that of the proletariat.

The "dangerous class", [lumpenproletariat] the social scum, that passively rotting mass thrown off by the lowest layers of the old society, may, here and there, be swept into the movement by a proletarian revolution; its conditions of life, however, prepare it far more for the part of a bribed tool of reactionary intrigue.

In the condition of the proletariat, those of old society at large are already virtually swamped. The proletarian is without property; his relation to his wife and children has no longer anything in common with the bourgeois family relations; modern industry labour, modern subjection to capital, the same in England as in France, in America as in Germany, has stripped him of every trace of national character. Law, morality, religion, are to him so many bourgeois prejudices, behind which lurk in ambush just as many bourgeois interests.

All the preceding classes that got the upper hand sought to fortify their already acquired status by subjecting society at large to their conditions of appropriation. The proletarians cannot become masters of the productive forces of society, except by abolishing their own previous mode of appropriation, and thereby also every other previous mode of appropriation. They have nothing of their own to secure and to fortify; their mission is to destroy all previous securities for, and insurances of, individual property.

All previous historical movements were movements of minorities, or in the interest of minorities. The proletarian movement is the self-conscious, independent movement of the immense majority, in the interest of the immense majority. The proletariat, the lowest stratum of our present society, cannot stir, cannot raise itself up, without the whole superincumbent strata of official society being sprung into the air.

Though not in substance, yet in form, the struggle of the proletariat with the bourgeoisie is at first a national struggle. The proletariat of each country must, of course, first of all settle matters with its own bourgeoisie.

Описывая наиболее общие фазы развития пролетариата, мы прослеживали более или менее прикрытую гражданскую войну внутри существующего общества вплоть до того пункта, когда она превращается в открытую революцию, и пролетариат основывает свое господство посредством насильственного ниспровержения буржуазии.

Все доныне существовавшие общества основывались, как мы видели, на антагонизме между классами угнетающими и угнетенными. Но, чтобы возможно было угнетать какой-либо класс, необходимо обеспечить условия, при которых он мог бы влачить, по крайней мере, свое рабское существование. Крепостной в крепостном состоянии выбился до положения члена коммуны так же, как мелкий буржуа под ярмом феодального абсолютизма выбился до положения буржуа. Наоборот, современный рабочий с прогрессом промышленности не поднимается, а все более опускается ниже условий существования своего собственного класса. Рабочий становится паупером, и пауперизм растет еще быстрее, чем население и богатство. Это ясно показывает, что буржуазия неспособна оставаться долее господствующим классом общества и навязывать всему обществу условия существования своего класса в качестве регулирующего закона. Она неспособна господствовать, потому что неспособна обеспечить своему рабу даже рабского уровня существования, потому что вынуждена дать ему опуститься до такого положения, когда она сама должна его кормить, вместо того чтобы кормиться за его счет. Общество не может более жить под ее властью, т. е. ее жизнь несовместима более с обществом.

Основным условием существования и господства класса буржуазии является накопление богатства в руках частных лиц, образование и увеличение капитала. Условием существования капитала является наемный труд. Наемный труд держится исключительно на конкуренции рабочих между собой. Прогресс промышленности, невольным носителем которого является буржуазия, бессильная ему сопротивляться, ставит на место разъединения рабочих конкуренцией революционное объединение их посредством ассоциации. Таким образом, с развитием крупной промышленности из-под ног буржуазии вырывается сама основа, на которой она производит и присваивает продукты. Она производит прежде всего своих собственных могильщиков.

In depicting the most general phases of the development of the proletariat, we traced the more or less veiled civil war, raging within existing society, up to the point where that war breaks out into open revolution, and where the violent overthrow of the bourgeoisie lays the foundation for the sway of the proletariat. Hitherto, every form of society has been based, as we have already seen, on the antagonism of oppressing and oppressed classes. But in order to oppress a class, certain conditions must be assured to it under which it can, at least, continue its slavish existence.

The serf, in the period of serfdom, raised himself to membership in the commune, just as the petty bourgeois, under the yoke of the feudal absolutism, managed to develop into a bourgeois. The modern labourer, on the contrary, instead of rising with the process of industry, sinks deeper and deeper below the conditions of existence of his own class. He becomes a pauper, and pauperism develops more rapidly than population and wealth. And here it becomes evident, that the bourgeoisie is unfit any longer to be the ruling class in society, and to impose its conditions of existence upon society as an over-riding law. It is unfit to rule because it is incompetent to assure an existence to its slave within his slavery, because it cannot help letting him sink into such a state, that it has to feed him, instead of being fed by him. Society can no longer live under this bourgeoisie, in other words, its existence is no longer compatible with society.

The essential conditions for the existence and for the sway of the bourgeois class is the formation and augmentation of capital; the condition for capital is wage-labour. Wage-labour rests exclusively on competition between the labourers. The advance of industry, whose involuntary promoter is the bourgeoisie, replaces the isolation of the labourers, due to competition, by the revolutionary combination, due to association. The development of Modern Industry, therefore, cuts from under its feet the very foundation on which the bourgeoisie produces and appropriates products. What the bourgeoisie therefore produces, above all, are its own grave-diggers.

Ее гибель и победа пролетариата одинаково неизбежны.

II. Пролетарии и коммунисты

В каком отношении стоят коммунисты к пролетариям вообще?

Коммунисты не являются особой партией, противостоящей другим рабочим партиям.

У них нет никаких интересов, отдельных от интересов всего пролетариата в целом.

Они не выставляют никаких особых принципов, под которые они хотели бы подогнать пролетарское движение.

Коммунисты отличаются от остальных пролетарских партий лишь тем, что, с одной стороны, в борьбе пролетариев различных наций они выделяют и отстаивают общие, не зависящие от национальности интересы всего пролетариата; с другой стороны, тем, что на различных ступенях развития, через которые проходит борьба пролетариата с буржуазией, они всегда являются представителями интересов движения в целом.

Коммунисты, следовательно, на практике являются самой решительной, всегда побуждающей к движению вперед частью рабочих партий всех стран, а в теоретическом отношении у них перед остальной массой пролетариата преимущество в понимании условий, хода и общих результатов пролетарского движения.

Ближайшая цель коммунистов та же, что и всех остальных пролетарских партий: формирование пролетариата в класс, ниспровержение господства буржуазии, завоевание пролетариатом политической власти.

Теоретические положения коммунистов ни в какой мере не основываются на идеях, принципах, выдуманных или открытых тем или другим обновителем мира.

Они являются лишь общим выражением действительных отношений происходящей классовой борьбы, выражением совершающегося на наших глазах исторического движения.

Уничтожение ранее существовавших отношений собственности не является чем-то присущим исключительно коммунизму.

Все отношения собственности были подвержены постоянной исторической смене, постоянным историческим изменениям.

Its fall and the victory of the proletariat are equally inevitable.

II. Proletarians and Communists

In what relation do the Communists stand to the proletarians as a whole? They do not set up any sectarian principles of their own, by which to shape and mould the proletarian movement.

The Communists are distinguished from the other working-class parties by this only: 1. In the national struggles of the proletarians of the different countries, they point out and bring to the front the common interests of the entire proletariat, independently of all nationality. 2. In the various stages of development which the struggle of the working class against the bourgeoisie has to pass through, they always and everywhere represent the interests of the movement as a whole.

The Communists, therefore, are on the one hand, practically, the most advanced and resolute section of the working-class parties of every country, that section which pushes forward all others; on the other hand, theoretically, they have over the great mass of the proletariat the advantage of clearly understanding the line of march, the conditions, and the ultimate general results of the proletarian movement.

The immediate aim of the Communists is the same as that of all other proletarian parties: formation of the proletariat into a class, overthrow of the bourgeois supremacy, conquest of political power by the proletariat.

The theoretical conclusions of the Communists are in no way based on ideas or principles that have been invented, or discovered, by this or that would-be universal reformer.

They merely express, in general terms, actual relations springing from an existing class struggle, from a historical movement going on under our very eyes. The abolition of existing property relations is not at all a distinctive feature of communism. *Historical enevitability*

All property relations in the past have continually been subject to historical change consequent upon the change in historical conditions.

Например, французская революция отменила феодальную собственность, заменив ее собственностью буржуазной. Отличительной чертой коммунизма является не отмена собственности вообще, а отмена буржуазной собственности. Но современная буржуазная частная собственность есть последнее и самое полное выражение такого производства и присвоения продуктов, которое держится на классовых антагонизмах, на эксплуатации одних другими.

В этом смысле коммунисты могут выразить свою теорию одним положением: уничтожение частной собственности.

Нас, коммунистов, упрекали в том, что мы хотим уничтожить собственность, лично приобретенную, добытую своим трудом, собственность, образующую основу всякой личной свободы, деятельности и самостоятельности.

Заработанная, благоприобретенная, добытая своим трудом собственность! Говорите ли вы о мелкобуржуазной, мелкокрестьянской собственности, которая предшествовала собственности буржуазной? Нам нечего ее уничтожать, развитие промышленности ее уничтожило и уничтожает изо дня в день.

Или, быть может, вы говорите о современной буржуазной частной собственности?

Но разве наемный труд, труд пролетария, создает ему собственность? Никоим образом. Он создает капитал, т..е. собственность, эксплуатирующую наемный труд, собственность, которая может увеличиваться лишь при условии, что она порождает новый наемный труд, чтобы снова его эксплуатировать. Собственность в ее современном виде движется в противоположности между капиталом и наемным трудом. Рассмотрим же обе стороны этой противоположности.

Быть капиталистом — значит занимать в производстве не только чисто личное, но и общественное положение.

Капитал — это коллективный продукт и может быть приведен в движение лишь совместной деятельностью многих членов общества, а в конечном счете — только совместной деятельностью всех членов общества.

Итак, капитал — не личная, а общественная сила.

Следовательно, если капитал будет превращен в коллективную, всем членам общества принадлежащую, собственность, то это не будет превращением личной собственности в общественную.

The French Revolution, for example, abolished feudal property in favour of bourgeois property.

The distinguishing feature of Communism is not the abolition of property generally, but the abolition of bourgeois property. But modern bourgeois private property is the final and most complete expression of the system of producing and appropriating products, that is based on class antagonisms, on the exploitation of the many by the few.

In this sense, the theory of the Communists may be summed up in the single sentence: Abolition of private property.

We Communists have been reproached with the desire of abolishing the right of personally acquiring property as the fruit of a man's own labour, which property is alleged to be the groundwork of all personal freedom, activity and independence.

Hard-won, self-acquired, self-earned property! Do you mean the property of petty artisan and of the small peasant, a form of property that preceded the bourgeois form? There is no need to abolish that; the development of industry has to a great extent already destroyed it, and is still destroying it daily.

Or do you mean the modern bourgeois private property?

But does wage-labour create any property for the labourer? Not a bit. It creates capital, i.e., that kind of property which exploits wage-labour, and which cannot increase except upon condition of begetting a new supply of wage-labour for fresh exploitation. Property, in its present form, is based on the antagonism of capital and wage labour. Let us examine both sides of this antagonism.

To be a capitalist, is to have not only a purely personal, but a social status in production. Capital is a collective product, and only by the united action of many members, nay, in the last resort, only by the united action of all members of society, can it be set in motion.

Capital is therefore not only personal; it is a social power.

When, therefore, capital is converted into common property, into the property of all members of society, personal property is not thereby transformed into social property.

Изменится лишь общественный характер собственности. Она потеряет свой классовый характер. Перейдем к наемному труду.

Средняя цена наемного труда есть минимум заработной платы, т. е. сумма жизненных средств, необходимых для сохранения жизни рабочего как рабочего. Следовательно, того, что наемный рабочий присваивает в результате своей деятельности, едва хватает для воспроизводства его жизни. Мы вовсе не намерены уничтожить это личное присвоение продуктов труда, служащих непосредственно для воспроизводства жизни, присвоение, не оставляющее никакого избытка, который мог бы создать власть над чужим трудом. Мы хотим уничтожить только жалкий характер такого присвоения, когда рабочий живет только для того, чтобы увеличивать капитал, и живет лишь постольку, поскольку этого требуют интересы господствующего класса.

В буржуазном обществе живой труд есть лишь средство увеличивать накопленный труд. В коммунистическом обществе накопленный труд — это лишь средство расширять, обогащать, облегчать жизненный процесс рабочих.

Таким образом, в буржуазном обществе прошлое господствует над настоящим, в коммунистическом обществе — настоящее над прошлым. В буржуазном обществе капитал обладает самостоятельностью и индивидуальностью, между тем как трудящийся индивидуум лишен самостоятельности и обезличен.

И уничтожение этих отношений буржуазия называет упразднением личности и свободы! Она права. Действительно, речь идет об упразднении буржуазной личности, буржуазной самостоятельности и буржуазной свободы.

Под свободой, в рамках нынешних буржуазных производственных отношений, понимают свободу торговли, свободу купли и продажи.

Но с падением торгашества падет и свободное торгашество. Разговоры о свободном торгашестве, как и все прочие высокопарные речи наших буржуа о свободе, имеют вообще смысл лишь по отношению к несвободному торгашеству, к порабощенному горожанину средневековья, а не по отношению к коммунистическому уничтожению торгашества, буржуазных производственных отношений и

It is only the social character of the property that is changed. It loses its class character.

Let us now take wage-labour.

The average price of wage-labour is the minimum wage, i.e., that quantum of the means of subsistence which is absolutely requisite to keep the labourer in bare existence as a labourer. What, therefore, the wage-labourer appropriates by means of his labour, merely suffices to prolong and reproduce a bare existence. We by no means intend to abolish this personal appropriation of the products of labour, an appropriation that is made for the maintenance and reproduction of human life, and that leaves no surplus wherewith to command the labour of others. All that we want to do away with is the miserable character of this appropriation, under which the labourer lives merely to increase capital, and is allowed to live only in so far as the interest of the ruling class requires it.

In bourgeois society, living labour is but a means to increase accumulated labour. In Communist society, accumulated labour is but a means to widen, to enrich, to promote the existence of the labourer.

In bourgeois society, therefore, the past dominates the present; in Communist society, the present dominates the past. In bourgeois society capital is independent and has individuality, while the living person is dependent and has no individuality.

And the abolition of this state of things is called by the bourgeois, abolition of individuality and freedom! And rightly so. The abolition of bourgeois individuality, bourgeois independence, and bourgeois freedom is undoubtedly aimed at.

By freedom is meant, under the present bourgeois conditions of production, free trade, free selling and buying.

But if selling and buying disappears, free selling and buying disappears also. This talk about free selling and buying, and all the other "brave words" of our bourgeois about freedom in general, have a meaning, if any, only in contrast with restricted selling and buying, with the fettered traders of the Middle Ages, but have no meaning when opposed to the Communistic abolition of buying and selling, of the bourgeois conditions of production,

самой буржуазии.

Вы приходите в ужас от того, что мы хотим уничтожить частную собственность. Но в вашем нынешнем обществе частная собственность уничтожена для девяти десятых его членов; она существует именно благодаря тому, что не существует для девяти десятых. Вы упрекаете нас, следовательно, в том, что мы хотим уничтожить собственность, предполагающую в качестве необходимого условия отсутствие собственности у огромного большинства общества.

Одним словом, вы упрекаете нас в том, что мы хотим уничтожить вашу собственность. Да, мы действительно хотим это сделать.

С того момента, когда нельзя будет более превращать труд в капитал, в деньги, в земельную ренту, короче — в общественную силу, которую можно монополизировать, т. е. с того момента, когда личная собственность не сможет более превращаться в буржуазную собственность, — с этого момента, заявляете вы, личность уничтожена.

Вы сознаетесь, следовательно, что личностью вы не признаете никого, кроме буржуа, т. е. буржуазного собственника. Такая личность действительно должна быть уничтожена.

Коммунизм ни у кого не отнимает возможности присвоения общественных продуктов, он отнимает лишь возможность посредством этого присвоения порабощать чужой труд.

Выдвигали возражение, будто с уничтожением частной собственности прекратится всякая деятельность и воцарится всеобщая леность.

В таком случае буржуазное общество должно было бы давно погибнуть от лености, ибо здесь тот, кто трудится, ничего не приобретает, а тот, кто приобретает, не трудится. Все эти опасения сводятся к тавтологии, что нет больше наемного труда, раз не существует больше капитала.

Все возражения, направленные против коммунистического способа присвоения и производства материальных продуктов, распространяются также на присвоение и производство продуктов умственного труда. Подобно тому как уничтожение классовой собственности представляется буржуа уничтожением самого производства, так и уничтожение классового образования для него равносильно уничтожению образования вообще.

and of the bourgeoisie itself.

You are horrified at our intending to do away with private property. But in your existing society, private property is already done away with for nine-tenths of the population; its existence for the few is solely due to its non-existence in the hands of those nine-tenths. You reproach us, therefore, with intending to do away with a form of property, the necessary condition for whose existence is the non-existence of any property for the immense majority of society.

In one word, you reproach us with intending to do away with your property. Precisely so; that is just what we intend.

From the moment when labour can no longer be converted into capital, money, or rent, into a social power capable of being monopolised, i.e., from the moment when individual property can no longer be transformed into bourgeois property, into capital, from that moment, you say, individuality vanishes.

You must, therefore, confess that by "individual" you mean no other person than the bourgeois, than the middle-class owner of property. This person must, indeed, be swept out of the way, and made impossible. Communism deprives no man of the power to appropriate the products of society; all that it does is to deprive him of the power to subjugate the labour of others by means of such appropriations.

It has been objected that upon the abolition of private property, all work will cease, and universal laziness will overtake us.

According to this, bourgeois society ought long ago to have gone to the dogs through sheer idleness; for those of its members who work, acquire nothing, and those who acquire anything do not work. The whole of this objection is but another expression of the tautology: that there can no longer be any wage-labour when there is no longer any capital. All objections urged against the Communistic mode of producing and appropriating material products, have, in the same way, been urged against the Communistic mode of producing and appropriating intellectual products. Just as, to the bourgeois, the disappearance of class property is the disappearance of production itself, so the disappearance of class culture is to him identical with the disappearance of all culture.

Образование, гибель которого он оплакивает, является для громадного большинства превращением в придаток машины.

Но не спорьте с нами, оценивая при этом отмену буржуазной собственности с точки зрения ваших буржуазных представлений о свободе, образовании, праве и т. д. Ваши идеи сами являются продуктом буржуазных производственных отношений и буржуазных отношений собственности, точно так же как ваше право есть лишь возведенная в закон воля вашего класса, воля, содержание которой определяется материальными условиями жизни вашего класса.

Ваше пристрастное представление, заставляющее вас превращать свои производственные отношения и отношения собственности из отношений исторических, преходящих в процессе развития производства, в вечные законы природы и разума, вы разделяете со всеми господствовавшими прежде и погибшими классами. Когда заходит речь о буржуазной собственности, вы не смеете более понять того, что кажется вам понятным в отношении собственности античной или феодальной.

Уничтожение семьи! Даже самые крайние радикалы возмущаются этим гнусным намерением коммунистов.

На чем основана современная, буржуазная семья? На капитале, на частной наживе. В совершенно развитом виде она существует только для буржуазии; но она находит свое дополнение в вынужденной бессемейности пролетариев и в публичной проституции.

Буржуазная семья естественно отпадает вместе с отпадением этого ее дополнения, и обе вместе исчезнут с исчезновением капитала.

Или вы упрекаете нас в том, что мы хотим прекратить эксплуатацию детей их родителями? Мы сознаемся в этом преступлении.

Но вы утверждаете, что, заменяя домашнее воспитание общественным, мы хотим уничтожить самые дорогие для человека отношения.

А разве ваше воспитание не определяется обществом? Разве оно не определяется общественными отношениями, в которых вы воспитываете, не определяется прямым или косвенным вмешательством общества через школу и т. д.? Коммунисты не выдумывают влияния общества на воспитание; они лишь изменяют характер воспитания,

44

That culture, the loss of which he laments, is, for the enormous majority, a mere training to act as a machine.

But don't wrangle with us so long as you apply, to our intended abolition of bourgeois property, the standard of your bourgeois notions of freedom, culture, law, &c. Your very ideas are but the outgrowth of the conditions of your bourgeois production and bourgeois property, just as your jurisprudence is but the will of your class made into a law for all, a will whose essential character and direction are determined by the economical conditions of existence of your class.

The selfish misconception that induces you to transform into eternal laws of nature and of reason, the social forms springing from your present mode of production and form of property – historical relations that rise and disappear in the progress of production – this misconception you share with every ruling class that has preceded you. What you see clearly in the case of ancient property, what you admit in the case of feudal property, you are of course forbidden to admit in the case of your own bourgeois form of property.

Abolition of the family! Even the most radical flare up at this infamous proposal of the Communists.

On what foundation is the present family, the bourgeois family, based? On capital, on private gain. In its completely developed form, this family exists only among the bourgeoisie. But this state of things finds its complement in the practical absence of the family among the proletarians, and in public prostitution.

The bourgeois family will vanish as a matter of course when its complement vanishes, and both will vanish with the vanishing of capital.

Do you charge us with wanting to stop the exploitation of children by their parents? To this crime we plead guilty.

But, you say, we destroy the most hallowed of relations, when we replace home education by social.

And your education! Is not that also social, and determined by the social conditions under which you educate, by the intervention direct or indirect, of society, by means of schools, &c.? The Communists have not invented the intervention of society in education; they do but seek to alter the character of that intervention,

вырывают его из-под влияния господствующего класса. Буржуазные разглагольствования о семье и воспитании, о нежных отношениях между родителями и детьми внушают тем более отвращения, чем более разрушаются все семейные связи в среде пролетариата благодаря развитию крупной промышленности, чем более дети превращаются в простые предметы торговли и рабочие инструменты.

Но вы, коммунисты, хотите ввести общность жен, — кричит нам хором вся буржуазия.

Буржуа смотрит на свою жену как на простое орудие производства. Он слышит, что орудия производства предполагается предоставить в общее пользование, и, конечно, не может отрешиться от мысли, что и женщин постигнет та же участь.

Он даже и не подозревает, что речь идет как раз об устранении такого положения женщины, когда она является простым орудием производства.

Впрочем, нет ничего смешнее высокоморального ужаса наших буржуа по поводу мнимой официальной общности жен у коммунистов. Коммунистам нет надобности вводить общность жен, она существовала почти всегда.

Наши буржуа, не довольствуясь тем, что в их распоряжении находятся жены и дочери их рабочих, не говоря уже об официальной проституции, видят особое наслаждение в том, чтобы соблазнять жен друг у друга.

Буржуазный брак является в действительности общностью жен. Коммунистам можно было бы сделать упрек разве лишь в том, будто они хотят ввести вместо лицемерно-прикрытой общности жен официальную, открытую. Но ведь само собой разумеется, что с уничтожением нынешних производственных отношений исчезнет и вытекающая из них общность жен, т. е. официальная и неофициальная проституция.

Далее, коммунистов упрекают, будто они хотят отменить отечество, национальность.

Рабочие не имеют отечества. У них нельзя отнять то, чего у них нет. Так как пролетариат должен прежде всего завоевать политическое господство, подняться до положения национального класса, конституироваться как нация, он сам пока еще национален, хотя совсем не в том смысле, как понимает это буржуазия.

Национальная обособленность и противоположности народов

and to rescue education from the influence of the ruling class.

The bourgeois clap-trap about the family and education, about the hallowed co-relation of parents and child, becomes all the more disgusting, the more, by the action of Modern Industry, all the family ties among the proletarians are torn asunder, and their children transformed into simple articles of commerce and instruments of labour.

But you Communists would introduce community of women, screams the bourgeoisie in chorus.

The bourgeois sees his wife a mere instrument of production. He hears that the instruments of production are to be exploited in common, and, naturally, can come to no other conclusion that the lot of being common to all will likewise fall to the women.

He has not even a suspicion that the real point aimed at is to do away with the status of women as mere instruments of production.

For the rest, nothing is more ridiculous than the virtuous indignation of our bourgeois at the community of women which, they pretend, is to be openly and officially established by the Communists. The Communists have no need to introduce community of women; it has existed almost from time immemorial.

Our bourgeois, not content with having wives and daughters of their proletarians at their disposal, not to speak of common prostitutes, take the greatest pleasure in seducing each other's wives.

Bourgeois marriage is, in reality, a system of wives in command thus, at the most, what the Communists might possibly be reproached with is that they desire to introduce, in substitution for a hypocritically concealed, an openly legalised community of women.

For the rest, it is self-evident that the abolition of the present system of production must bring with it the abolition of the community of women springing from that system, i.e., of prostitution both public and private.

The Communists are further reproached with desiring to abolish countries and nationality.

The working men have no country. We cannot take from them what they have not got. Since the proletariat must first of all acquire political supremacy, must rise to be the leading class of the nation, must constitute itself the nation, it is so far, itself national, though not in the bourgeois sense of the word.

National differences and antagonism between peoples

все более и более исчезают уже с развитием буржуазии, со свободой торговли, всемирным рынком, с единообразием промышленного производства и соответствующих ему условий жизни.

Господство пролетариата еще более ускорит их исчезновение. Соединение усилий, по крайней мере цивилизованных стран, есть одно из первых условий освобождения пролетариата.

В той же мере, в какой будет уничтожена эксплуатация одного индивидуума другим, уничтожена будет и эксплуатация одной нации другой.

Вместе с антагонизмом классов внутри наций падут и враждебные отношения наций между собой.

Обвинения против коммунизма, выдвигаемые с религиозных, философских и вообще идеологических точек зрения, не заслуживают подробного рассмотрения.

Нужно ли особое глубокомыслие, чтобы понять, что вместе с условиями жизни людей, с их общественными отношениями, с их общественным бытием изменяются также и их представления, взгляды и понятия, — одним словом, их сознание?

Что же доказывает история идей, как не то, что духовное Производство преобразуется вместе с материальным? Господствующими идеями любого времени были всегда лишь идеи господствующего класса.

Говорят об идеях, революционизирующих все общество; этим выражают лишь тот факт, что внутри старого общества образовались элементы нового, что рука об руку с разложением Старых условий жизни идет и разложение старых идей.

Когда древний мир клонился к гибели, древние религии были побеждены христианской религией. Когда христианские идеи в XVIII веке гибли под ударом просветительных идей, феодальное общество вело свой смертный бой с революционной в то время буржуазией. Идеи свободы совести и религии выражали в области знания лишь господство свободной конкуренции.

«Но», скажут нам, «религиозные, моральные, философские, политические, правовые идеи и т. д., конечно, изменялись в ходе исторического развития. Религия же, нравственность, философия, политика, право всегда сохранялись в этом беспрерывном изменении.

are daily more and more vanishing, owing to the development of the bourgeoisie, to freedom of commerce, to the world market, to uniformity in the mode of production and in the conditions of life corresponding thereto.

The supremacy of the proletariat will cause them to vanish still faster. United action, of the leading civilised countries at least, is one of the first conditions for the emancipation of the proletariat.

In proportion as the exploitation of one individual by another will also be put an end to, the exploitation of one nation by another will also be put an end to. In proportion as the antagonism between classes within the nation vanishes, the hostility of one nation to another will come to an end.

The charges against Communism made from a religious, a philosophical and, generally, from an ideological standpoint, are not deserving of serious examination.

Does it require deep intuition to comprehend that man's ideas, views, and conception, in one word, man's consciousness, changes with every change in the conditions of his material existence, in his social relations and in his social life?

What else does the history of ideas prove, than that intellectual production changes its character in proportion as material production is changed? The ruling ideas of each age have ever been the ideas of its ruling class.

When people speak of the ideas that revolutionise society, they do but express that fact that within the old society the elements of a new one have been created, and that the dissolution of the old ideas keeps even pace with the dissolution of the old conditions of existence.

When the ancient world was in its last throes, the ancient religions were overcome by Christianity. When Christian ideas succumbed in the 18th century to rationalist ideas, feudal society fought its death battle with the then revolutionary bourgeoisie. The ideas of religious liberty and freedom of conscience merely gave expression to the sway of free competition within the domain of knowledge.

"Undoubtedly," it will be said, "religious, moral, philosophical, and juridical ideas have been modified in the course of historical development. But religion, morality, philosophy, political science, and law, constantly survived this change."

К тому же существуют вечные истины, как свобода, справедливость и т. д., общие всем стадиям общественного развития. Коммунизм же отменяет вечные истины, он отменяет религию, нравственность, вместо того чтобы обновить их; следовательно, он противоречит всему предшествовавшему ходу исторического развития».

К чему сводится это обвинение? История всех доныне существовавших обществ двигалась в классовых противоположностях, которые в разные эпохи складывались различно.

Но какие бы формы они ни принимали, эксплуатация одной части общества другою является фактом, общим всем минувшим столетиям. Неудивительно поэтому, что общественное сознание всех веков, несмотря на все разнообразие и все различия, движется в определенных общих формах, в формах сознания, которые вполне исчезнут лишь с окончательным исчезновением противоположности классов.

Коммунистическая революция есть самый решительный разрыв с унаследованными от прошлого отношениями собственности; неудивительно, что в ходе своего развития она самым решительным образом порывает с идеями, унаследованными от прошлого.

Оставим, однако, возражения буржуазии против коммунизма. Мы видели уже выше, что первым шагом в рабочей революции является превращение пролетариата в господствующий класс, завоевание демократии.

Пролетариат использует свое политическое господство для того, чтобы вырвать у буржуазии шаг за шагом весь капитал, централизовать все орудия производства в руках государства, т. е. пролетариата, организованного как господствующий класс, и возможно более быстро увеличить сумму производительных сил.

Это может, конечно, произойти сначала лишь при помощи деспотического вмешательства в право собственности и в буржуазные производственные отношения, т. е. при помощи мероприятий, которые экономически кажутся недостаточными и несостоятельными, но которые в ходе движения перерастают самих себя и неизбежны как средство для переворота во всем способе производства.

Эти мероприятия будут, конечно, различны в различных странах.

"There are, besides, eternal truths, such as Freedom, Justice, etc., that are common to all states of society. But Communism abolishes eternal truths, it abolishes all religion, and all morality, instead of constituting them on a new basis; it therefore acts in contradiction to all past historical experience."

What does this accusation reduce itself to? The history of all past society has consisted in the development of class antagonisms, antagonisms that assumed different forms at different epochs.

But whatever form they may have taken, one fact is common to all past ages, viz., the exploitation of one part of society by the other. No wonder, then, that the social consciousness of past ages, despite all the multiplicity and variety it displays, moves within certain common forms, or general ideas, which cannot completely vanish except with the total disappearance of class antagonisms.

The Communist revolution is the most radical rupture with traditional property relations; no wonder that its development involved the most radical rupture with traditional ideas.

But let us have done with the bourgeois objections to Communism.

We have seen above, that the first step in the revolution by the working class is to raise the proletariat to the position of ruling class to win the battle of democracy.

The proletariat will use its political supremacy to wrest, by degree, all capital from the bourgeoisie, to centralise all instruments of production in the hands of the State, i.e., of the proletariat organised as the ruling class; and to increase the total productive forces as rapidly as possible.

Of course, in the beginning, this cannot be effected except by means of despotic inroads on the rights of property, and on the conditions of bourgeois production; by means of measures, therefore, which appear economically insufficient and untenable, but which, in the course of the movement, outstrip themselves, necessitate further inroads upon the old social order, and are unavoidable as a means of entirely revolutionising the mode of production.

These measures will, of course, be different in different countries.

Однако в наиболее передовых странах могут быть почти повсеместно применены следующие меры:

1. Экспроприация земельной собственности и обращение земельной ренты на покрытие государственных расходов.
2. Высокий прогрессивный налог.
3. Отмена права наследования.
4. Конфискация имущества всех эмигрантов и мятежников.
5. Централизация кредита в руках государства посредством национального банка с государственным капиталом и с исключительной монополией.
6. Централизация всего транспорта в руках государства.

7. Увеличение числа государственных фабрик, орудий производства, расчистка под пашню и улучшение земель по общему плану.

8. Одинаковая обязательность труда для всех, учреждение промышленных армий, в особенности для земледелия.
9. Соединение земледелия с промышленностью, содействие постепенному устранению различия между городом и деревней.
10. Общественное и бесплатное воспитание всех детей. Устранение фабричного труда детей в современной его форме. Соединение воспитания с материальным производством и т. д.

Когда в ходе развития исчезнут классовые различия и все производство сосредоточится в руках ассоциации индивидов, тогда публичная власть потеряет свой политический характер. Политическая власть в собственном смысле слова — это организованное насилие одного класса для подавления другого. Если пролетариат в борьбе против буржуазии непременно объединяется в класс, если путем революции он превращает себя в господствующий класс и в качестве господствующего класса силой упраздняет старые производственные отношения, то вместе с этими производственными отношениями он уничтожает условия существования классовой противоположности, уничтожает классы вообще, а тем самым и свое собственное господство как класса. На место старого буржуазного общества с его классами и классовыми противоположностями приходит ассоциация, в которой свободное развитие каждого является условием свободного развития всех.

Nevertheless, in most advanced countries, the following will be pretty generally applicable.

1. Abolition of property in land and application of all rents of land to public purposes.
2. A heavy progressive or graduated income tax.
3. Abolition of all rights of inheritance.
4. Confiscation of the property of all emigrants and rebels.
5. Centralisation of credit in the hands of the state, by means of a national bank with State capital and an exclusive monopoly.
6. Centralisation of the means of communication and transport in the hands of the State.
7. Extension of factories and instruments of production owned by the State; the bringing into cultivation of waste-lands, and the improvement of the soil generally in accordance with a common plan.
8. Equal liability of all to work. Establishment of industrial armies, especially for agriculture.
9. Combination of agriculture with manufacturing industries; gradual abolition of all the distinction between town and country by a more equable distribution of the populace over the country.
10. Free education for all children in public schools. Abolition of children's factory labour in its present form. Combination of education with industrial production, &c, &c.

When, in the course of development, class distinctions have disappeared, and all production has been concentrated in the hands of a vast association of the whole nation, the public power will lose its political character. Political power, properly so called, is merely the organised power of one class for oppressing another. If the proletariat during its contest with the bourgeoisie is compelled, by the force of circumstances, to organise itself as a class, if, by means of a revolution, it makes itself the ruling class, and, as such, sweeps away by force the old conditions of production, then it will, along with these conditions, have swept away the conditions for the existence of class antagonisms and of classes generally, and will thereby have abolished its own supremacy as a class.

In place of the old bourgeois society, with its classes and class antagonisms, we shall have an association, in which the free development of each is the condition for the free development of all.

III. Социалистическая и коммунистическая литература

1. Реакционный социализм
А. Феодальный социализм

Французская и английская аристократия по своему историческому положению была призвана к тому, чтобы писать памфлеты против современного буржуазного общества. Во французской июльской революции 1830 г. и в английском движений в пользу парламентской реформы ненавистный выскочка еще раз нанес ей поражение. О серьезной политической борьбе не могло быть большей речи. Ей оставалась только литературная борьба. Но и в области литературы старые фразы времен Реставрации стали уже невозможны. Чтобы возбудить сочувствие, аристократия должна была сделать вид, что она уже не заботится о своих собственных интересах и составляет свой обвинительный акт против буржуазии только в интересах эксплуатируемого рабочего класса. Она доставляла себе удовлетворение тем, что сочиняла пасквили на своего нового властителя и шептала ему на ухо более или менее зловещие пророчества.

Так возник феодальный социализм: наполовину похоронная песнь — наполовину пасквиль, наполовину отголосок прошлого — наполовину угроза будущего, подчас поражающий буржуазию в самое сердце своим горьким, остроумным, язвительным приговором, но всегда производящий комическое впечатление полной неспособностью понять ход современной истории.

Аристократия размахивала нищенской сумой пролетариата как знаменем, чтобы повести за собою народ. Но всякий раз, когда он следовал за нею, он замечал на ее заду старые феодальные гербы и разбегался с громким и непочтительным хохотом.

Разыгрыванием этой комедии занималась часть французских легитимистов и «Молодая Англия»

Если феодалы доказывают, что их способ эксплуатации был иного рода, чем буржуазная эксплуатация, то они забывают только, что они эксплуатировали при совершенно других, теперь уже отживших, обстоятельствах и условиях. Если они указывают, что при их господстве не существовало современного пролетариата, то забывают, что как раз современная буржуазия была необходимым плодом их

III. Socialist and Communist Literature

1. Reactionary Socialism
A. Feudal Socialism

Owing to their historical position, it became the vocation of the aristocracies of France and England to write pamphlets against modern bourgeois society. In the French Revolution of July 1830, and in the English reform agitation, these aristocracies again succumbed to the hateful upstart. Thenceforth, a serious political struggle was altogether out of the question. A literary battle alone remained possible. But even in the domain of literature the old cries of the restoration period had become impossible. In order to arouse sympathy, the aristocracy was obliged to lose sight, apparently, of its own interests, and to formulate their indictment against the bourgeoisie in the interest of the exploited working class alone. Thus, the aristocracy took their revenge by singing lampoons on their new masters and whispering in his ears sinister prophesies of coming catastrophe.

In this way arose feudal Socialism: half lamentation, half lampoon; half an echo of the past, half menace of the future; at times, by its bitter, witty and incisive criticism, striking the bourgeoisie to the very heart's core; but always ludicrous in its effect, through total incapacity to comprehend the march of modern history.

The aristocracy, in order to rally the people to them, waved the proletarian alms-bag in front for a banner. But the people, so often as it joined them, saw on their hindquarters the old feudal coats of arms, and deserted with loud and irreverent laughter.

One section of the French Legitimists and "Young England" exhibited this spectacle.

In pointing out that their mode of exploitation was different to that of the bourgeoisie, the feudalists forget that they exploited under circumstances and conditions that were quite different and that are now antiquated. In showing that, under their rule, the modern proletariat never existed, they forget that the modern bourgeoisie is the necessary offspring of their own form of society.

общественного строя.

Впрочем, они столь мало скрывают реакционный характер своей критики, что их главное обвинение против буржуазии именно в том и состоит, что при ее господстве развивается класс, который взорвет на воздух весь старый общественный порядок.

Они гораздо больше упрекают буржуазию в том, что она порождает революционный пролетариат, чем в том, что она порождает пролетариат вообще.

Поэтому в политической практике они принимают участие во всех насильственных мероприятиях против рабочего класса, а в обыденной жизни, вопреки всей своей напыщенной фразеологии, не упускают случая подобрать золотые яблоки и променять верность, любовь, честь на барыш от торговли овечьей шерстью, свекловицей и водкой.

Подобно тому как поп всегда шел рука об руку с феодалом, поповский социализм идет рука об руку с феодальным.

Нет ничего легче, как придать христианскому аскетизму социалистический оттенок. Разве христианство не ратовало тоже против частной собственности, против брака, против государства? Разве оно не проповедовало вместо этого благотворительность и нищенство, безбрачие и умерщвление плоти, монастырскую жизнь и церковь? Христианский социализм — это лишь святая вода, которою поп кропит озлобление аристократа.

Б. Мелкобуржуазный социализм

Феодальная аристократия — не единственный ниспровергнутый буржуазией класс, условия жизни которого в современном буржуазном обществе ухудшались и отмирали. Средневековое сословие горожан и сословие мелких крестьян были предшественниками современной буржуазии. В странах, менее развитых в промышленном и торговом отношении, класс этот до сих пор еще прозябает рядом с развивающейся буржуазией.

В тех странах, где развилась современная цивилизация, образовалась — и как дополнительная часть буржуазного общества постоянно вновь образуется — новая мелкая буржуазия, которая колеблется между пролетариатом и буржуазией. Но конкуренция постоянно сталкивает принадлежащих к этому классу лиц в ряды пролетариата, и они начинают уже видеть приближение того момента, когда с развитием крупной промышленности они совершенно

For the rest, so little do they conceal the reactionary character of their criticism that their chief accusation against the bourgeois amounts to this, that under the bourgeois régime a class is being developed which is destined to cut up root and branch the old order of society.

What they upbraid the bourgeoisie with is not so much that it creates a proletariat as that it creates a revolutionary proletariat.

In political practice, therefore, they join in all coercive measures against the working class; and in ordinary life, despite their high-falutin phrases, they stoop to pick up the golden apples dropped from the tree of industry, and to barter truth, love, and honour, for traffic in wool, beetroot-sugar, and potato spirits.

As the parson has ever gone hand in hand with the landlord, so has Clerical Socialism with Feudal Socialism.

Nothing is easier than to give Christian asceticism a Socialist tinge. Has not Christianity declaimed against private property, against marriage, against the State? Has it not preached in the place of these, charity and poverty, celibacy and mortification of the flesh, monastic life and Mother Church? Christian Socialism is but the holy water with which the priest consecrates the heart-burnings of the aristocrat.

B. Petty-Bourgeois Socialism

The feudal aristocracy was not the only class that was ruined by the bourgeoisie, not the only class whose conditions of existence pined and perished in the atmosphere of modern bourgeois society. The medieval burgesses and the small peasant proprietors were the precursors of the modern bourgeoisie. In those countries which are but little developed, industrially and commercially, these two classes still vegetate side by side with the rising bourgeoisie.

In countries where modern civilisation has become fully developed, a new class of petty bourgeois has been formed, fluctuating between proletariat and bourgeoisie, and ever renewing itself as a supplementary part of bourgeois society. The individual members of this class, however, are being constantly hurled down into the proletariat by the action of competition, and, as modern industry develops,they even see the moment approaching when

исчезнут как самостоятельная часть современного общества и в торговле, промышленности и земледелии будут замещены надзирателями и наемными служащими.

В таких странах, как Франция, где крестьянство составляет гораздо более половины всего населения, естественно было появление писателей, которые, становясь на сторону пролетариата против буржуазии, в своей критике буржуазного строя прикладывали к нему мелкобуржуазную и мелкокрестьянскую мерку и защищали дело рабочих с мелкобуржуазной точки зрения. Так возник мелкобуржуазный социализм. Сисмонди стоит во главе этого рода литературы не только во Франции, но и в Англии. Этот социализм прекрасно умел подметить противоречия в современных производственных отношениях. Он разоблачил лицемерную апологетику экономистов. Он неопровержимо доказал разрушительное действие машинного производства и разделения труда, концентрацию капиталов и землевладения, перепроизводство, кризисы, неизбежную гибель мелких буржуа и крестьян, нищету пролетариата, анархию производства, вопиющее неравенство в распределении богатства, истребительную промышленную войну наций между собой, разложение старых нравов, старых семейных отношений и старых национальностей. Но по своему положительному содержанию этот социализм стремится или восстановить старые средства производства и обмена, а вместе с ними старые отношения собственности и старое общество, или — вновь насильственно втиснуть современные средства производства и обмена в рамки старых отношений собственности, отношений, которые были уже ими взорваны и необходимо должны были быть взорваны. В обоих случаях он одновременно и реакционен и утопичен.

Цеховая организация промышленности и патриархальное сельское хозяйство — вот его последнее слово.

В дальнейшем своем развитии направление это вылилось в трусливое брюзжание.

В. Немецкий, или «истинный», социализм

Социалистическая и коммунистическая литература Франции, возникшая под гнетом господствующей буржуазии и являющаяся литературным выражением борьбы против этого господства, была перенесена в Германию в такое время, когда буржуазия там только что

they will completely disappear as an independent section of modern society, to be replaced in manufactures, agriculture and commerce, by overlookers, bailiffs and shopmen.

In countries like France, where the peasants constitute far more than half of the population, it was natural that writers who sided with the proletariat against the bourgeoisie should use, in their criticism of the bourgeois régime, the standard of the peasant and petty bourgeois, and from the standpoint of these intermediate classes, should take up the cudgels for the working class. Thus arose petty-bourgeois Socialism. Sismondi was the head of this school, not only in France but also in England.

This school of Socialism dissected with great acuteness the contradictions in the conditions of modern production. It laid bare the hypocritical apologies of economists. It proved, incontrovertibly, the disastrous effects of machinery and division of labour; the concentration of capital and land in a few hands; overproduction and crises; it pointed out the inevitable ruin of the petty bourgeois and peasant, the misery of the proletariat, the anarchy in production, the crying inequalities in the distribution of wealth, the industrial war of extermination between nations, the dissolution of old moral bonds, of the old family relations, of the old nationalities.

In its positive aims, however, this form of Socialism aspires either to restoring the old means of production and of exchange, and with them the old property relations, and the old society, or to cramping the modern means of production and of exchange within the framework of the old property relations that have been, and were bound to be, exploded by those means. In either case, it is both reactionary and Utopian.

Its last words are: corporate guilds for manufacture; patriarchal relations in agriculture.

Ultimately, when stubborn historical facts had dispersed all intoxicating effects of self-deception, this form of Socialism ended in a miserable fit of the blues.

C. German or "True" Socialism

The Socialist and Communist literature of France, a literature that originated under the pressure of a bourgeoisie in power, and that was the expressions of the struggle against this power, was introduced into Germany at a time when the bourgeoisie, in that country,

начала свою борьбу против феодального абсолютизма. Немецкие философы, полуфилософы и любители красивой фразы жадно ухватились за эту литературу, позабыв только, что с перенесением этих сочинений из Франции в Германию туда не были одновременно перенесены и французские условия жизни. В немецких условиях французская литература утратила все непосредственное практическое значение и приняла вид чисто литературного течения. Она должна была приобрести характер досужего мудрствования об осуществлении человеческой сущности. Так, требования первой французской революции для немецких философов XVIII века имели смысл лишь как требования «практического разума» вообще, а проявления воли революционной французской буржуазии в их глазах имели значение законов чистой воли, воли, какой она должна быть, истинно человеческой воли.

Вся работа немецких литераторов состояла исключительно в том, чтобы примирить новые французские идеи со своей старой философской совестью или, вернее, в том, чтобы усвоить французские идеи со своей философской точки зрения.

Это усвоение произошло таким же образом, каким вообще усваивают чужой язык, путем перевода.

Известно, что на манускриптах, содержавших классические произведения языческой древности, монахи поверх текста писали нелепые жизнеописания католических святых. Немецкие литераторы поступили с нечестивой французской литературой как раз наоборот. Под французский оригинал они вписали свою философскую чепуху. Например, под французскую критику денежных отношений они вписали «отчуждение человеческой сущности», под французскую критику буржуазного государства — «упразднение господства Абстрактно-Всеобщего» и т. д.

Это подсовывание под французские теории своей философской фразеологии они окрестили «философией действия», «истинным социализмом», «немецкой наукой социализма», «философским обоснованием социализма» и т. д.

Французская социалистическо-коммунистическая литература была таким образом совершенно выхолощена. И так как в руках немца она перестала выражать борьбу одного класса против другого, то немец был убежден, что он поднялся выше «французской односторонности»,

had just begun its contest with feudal absolutism.

German philosophers, would-be philosophers, and beaux esprits (men of letters), eagerly seized on this literature, only forgetting, that when these writings immigrated from France into Germany, French social conditions had not immigrated along with them. In contact with German social conditions, this French literature lost all its immediate practical significance and assumed a purely literary aspect. Thus, to the German philosophers of the Eighteenth Century, the demands of the first French Revolution were nothing more than the demands of "Practical Reason" in general, and the utterance of the will of the revolutionary French bourgeoisie signified, in their eyes, the laws of pure Will, of Will as it was bound to be, of true human Will generally.

The work of the German literati consisted solely in bringing the new French ideas into harmony with their ancient philosophical conscience, or rather, in annexing the French ideas without deserting their own philosophic point of view.

This annexation took place in the same way in which a foreign language is appropriated, namely, by translation.

It is well known how the monks wrote silly lives of Catholic Saints over the manuscripts on which the classical works of ancient heathendom had been written. The German literati reversed this process with the profane French literature. They wrote their philosophical nonsense beneath the French original. For instance, beneath the French criticism of the economic functions of money, they wrote "Alienation of Humanity", and beneath the French criticism of the bourgeois state they wrote "Dethronement of the Category of the General", and so forth.

The introduction of these philosophical phrases at the back of the French historical criticisms, they dubbed "Philosophy of Action", "True Socialism", "German Science of Socialism", "Philosophical Foundation of Socialism", and so on.

The French Socialist and Communist literature was thus completely emasculated. And, since it ceased in the hands of the German to express the struggle of one class with the other, he felt conscious of having overcome "French one-sidedness"

что он отстаивает, вместо истинных потребностей, потребность в истине, а вместо интересов пролетариата — интересы человеческой сущности, интересы человека вообще, человека, который не принадлежит ни к какому классу и вообще существует не в действительности, а в туманных небесах философской фантазии. Этот немецкий социализм, считавший свои беспомощные ученические упражнения столь серьезными и важными и так крикливо их рекламировавший, потерял мало-помалу свою педантическую невинность.

Борьба немецкой, особенно прусской, буржуазии против феодалов и абсолютной монархии — одним словом либеральное движение — становилась все серьезнее. «Истинному» социализму представился, таким образом, желанный случай противопоставить политическому движению социалистические требования, предавать традиционной анафеме либерализм, представительное государство, буржуазную конкуренцию, буржуазную свободу печати, буржуазное право, буржуазную свободу и равенство и проповедовать народной массе, что в этом буржуазном движении она не может ничего выиграть, но, напротив, рискует все потерять. Немецкий социализм весьма кстати забывал, что французская критика, жалким отголоском которой он был, предполагала современное буржуазное общество с соответствующими ему материальными условиями жизни и соответственной политической конституцией, т. е. как раз все те предпосылки, о завоевании которых в Германии только еще шла речь.

Немецким абсолютным правительствам, с их свитой попов, школьных наставников, заскорузлых юнкеров и бюрократов, он служил кстати подвернувшимся пугалом против угрожающе наступавшей буржуазии.

Он был подслащенным дополнением к горечи плетей и ружейных пуль, которыми эти правительства усмиряли восстания немецких рабочих.

Если «истинный» социализм становился таким образом оружием в руках правительств против немецкой буржуазии, то он и непосредственно служил выражением реакционных интересов, интересов немецкого мещанства. В Германии действительную общественную основу существующего порядка вещей составляет мелкая буржуазия, унаследованная от XVI века и с того времени постоянно

and of representing, not true requirements, but the requirements of Truth; not the interests of the proletariat, but the interests of Human Nature, of Man in general, who belongs to no class, has no reality, who exists only in the misty realm of philosophical fantasy.

This German socialism, which took its schoolboy task so seriously and solemnly, and extolled its poor stock-in-trade in such a mountebank fashion, meanwhile gradually lost its pedantic innocence.

The fight of the Germans, and especially of the Prussian bourgeoisie, against feudal aristocracy and absolute monarchy, in other words, the liberal movement, became more earnest.

By this, the long-wished for opportunity was offered to "True" Socialism of confronting the political movement with the Socialist demands, of hurling the traditional anathemas against liberalism, against representative government, against bourgeois competition, bourgeois freedom of the press, bourgeois legislation, bourgeois liberty and equality, and of preaching to the masses that they had nothing to gain, and everything to lose, by this bourgeois movement. German Socialism forgot, in the nick of time, that the French criticism, whose silly echo it was, presupposed the existence of modern bourgeois society, with its corresponding economic conditions of existence, and the political constitution adapted thereto, the very things those attainment was the object of the pending struggle in Germany.

To the absolute governments, with their following of parsons, professors, country squires, and officials, it served as a welcome scarecrow against the threatening bourgeoisie.

It was a sweet finish, after the bitter pills of flogging and bullets, with which these same governments, just at that time, dosed the German working-class risings.

While this "True" Socialism thus served the government as a weapon for fighting the German bourgeoisie, it, at the same time, directly represented a reactionary interest, the interest of German Philistines. In Germany, the petty-bourgeois class, a relic of the sixteenth century, and since then constantly

вновь появляющаяся в той или иной форме.

Сохранение ее равносильно сохранению существующего в Германии порядка вещей. От промышленного и политического господства буржуазии она со страхом ждет своей верной гибели, с одной стороны, вследствие концентрации капитала, с другой — вследствие роста революционного пролетариата. Ей казалось, что «истинный» социализм одним выстрелом убивает двух зайцев. И «истинный» социализм распространялся как зараза.

Вытканный из умозрительной паутины, расшитый причудливыми цветами красноречия, пропитанный слезами слащавого умиления, этот мистический покров, которым немецкие социалисты прикрывали пару своих тощих «вечных истин», только увеличивал сбыт их товара среди этой публики.

Со своей стороны, немецкий социализм все более понимал свое призвание быть высокопарным представителем этого мещанства.

Он провозгласил немецкую нацию образцовой нацией, а немецкого мещанина — образцом человека. Каждой его низости он придавал сокровенный, возвышенный социалистический смысл, превращавший ее в нечто ей совершенно противоположное. Последовательный до конца, он открыто выступал против «грубо-разрушительного» направления коммунизма и возвестил, что сам он в своем величественном беспристрастии стоит выше всякой классовой борьбы. За весьма немногими исключениями все, что циркулирует в Германии в качестве якобы социалистических и коммунистических сочинений, принадлежит к этой грязной, расслабляющей литературе.

2. Консервативный, или буржуазный, социализм

Известная часть буржуазии желает излечить общественные недуги для того, чтобы упрочить существование буржуазного общества.

Сюда относятся экономисты, филантропы, поборники гуманности, радетели о благе трудящихся классов, организаторы благотворительности, члены обществ покровительства животным, основатели обществ трезвости, мелкотравчатые реформаторы самых разнообразных видов. Этот буржуазный социализм разрабатывался даже в целые системы.

cropping up again under the various forms, is the real social basis of the existing state of things.

To preserve this class is to preserve the existing state of things in Germany. The industrial and political supremacy of the bourgeoisie threatens it with certain destruction – on the one hand, from the concentration of capital; on the other, from the rise of a revolutionary proletariat. "True" Socialism appeared to kill these two birds with one stone. It spread like an epidemic.

The robe of speculative cobwebs, embroidered with flowers of rhetoric, steeped in the dew of sickly sentiment, this transcendental robe in which the German Socialists wrapped their sorry "eternal truths", all skin and bone, served to wonderfully increase the sale of their goods amongst such a public.

And on its part German Socialism recognised, more and more, its own calling as the bombastic representative of the petty-bourgeois Philistine. It proclaimed the German nation to be the model nation, and the German petty Philistine to be the typical man. To every villainous meanness of this model man, it gave a hidden, higher, Socialistic interpretation, the exact contrary of its real character. It went to the extreme length of directly op-posing the "brutally destructive" tendency of Communism, and of pro-claiming its supreme and impartial contempt of all class struggles. With very few exceptions, all the so-called Socialist and Communist publications that now circulate in Germany belong to the domain of this foul and ener-vating literature.

2. Conservative or Bourgeois Socialism

A part of the bourgeoisie is desirous of redressing social grievances in order to secure the continued existence of bourgeois society.

To this section belong economists, philanthropists, humanitarians, improvers of the condition of the working class, organisers of charity, members of societies for the prevention of cruelty to animals, temperance fanatics, hole-and-corner reformers of every imaginable kind. This form of socialism has, moreover, been worked out into complete systems.

В качестве примера приведем «Философию нищеты» Прудона, Буржуа-социалисты хотят сохранить условия существования современного общества, но без борьбы и опасностей, которые неизбежно из них вытекают. Они хотят сохранить современное общество, однако, без тех элементов, которые его революционизируют и разлагают. Они хотели бы иметь буржуазию без пролетариата. Тот мир, в котором господствует буржуазия, конечно, кажется ей самым лучшим из миров. Буржуазный социализм разрабатывает это утешительное представление в более или менее цельную систему. Приглашая пролетариат осуществить его систему и войти в новый Иерусалим, он в сущности требует только, чтобы пролетариат оставался в теперешнем обществе, но отбросил свое представление о нем, как о чем-то ненавистном.

Другая, менее систематическая, но более практическая форма этого социализма стремилась к тому, чтобы внушить рабочему классу отрицательное отношение ко всякому революционному движению, доказывая, что ему может быть полезно не то или другое политическое преобразование, а лишь изменение материальных условий жизни, экономических отношений. Однако под изменением материальных условий жизни этот социализм понимает отнюдь не уничтожение буржуазных производственных отношений, осуществимое только революционным путем, а административные улучшения, осуществляемые на почве этих производственных отношений, следовательно, ничего не изменяющие в отношениях между капиталом и наемным трудом, в лучшем же случае — лишь сокращающие для буржуазии издержки ее господства и упрощающие ее государственное хозяйство.

Самое подходящее для себя выражение буржуазный социализм находит только тогда, когда превращается в простой ораторский оборот речи.

Свободная торговля! в интересах рабочего класса; покровительственные пошлины! в интересах рабочего класса; одиночные тюрьмы! в интересах рабочего класса — вот последнее, единственно сказанное всерьез, слово буржуазного социализма.

Социализм буржуазии заключается как раз в утверждении, что буржуа являются буржуа, — в интересах рабочего класса.

We may cite Proudhon's Philosophie de la Misère as an example of this form.

The Socialistic bourgeois want all the advantages of modern social conditions without the struggles and dangers necessarily resulting therefrom. They desire the existing state of society, minus its revolutionary and disintegrating elements. They wish for a bourgeoisie without a proletariat. The bourgeoisie naturally conceives the world in which it is supreme to be the best; and bourgeois Socialism develops this comfortable conception into various more or less complete systems. In requiring the proletariat to carry out such a system, and thereby to march straightway into the social New Jerusalem, it but requires in reality, that the proletariat should remain within the bounds of existing society, but should cast away all its hateful ideas concerning the bourgeoisie.

A second, and more practical, but less systematic, form of this Socialism sought to depreciate every revolutionary movement in the eyes of the working class by showing that no mere political reform, but only a change in the material conditions of existence, in economical relations, could be of any advantage to them. By changes in the material conditions of existence, this form of Socialism, however, by no means understands abolition of the bourgeois relations of production, an abolition that can be affected only by a revolution, but administrative reforms, based on the continued existence of these relations; reforms, therefore, that in no respect affect the relations between capital and labour, but, at the best, lessen the cost, and simplify the administrative work, of bourgeois government.

Bourgeois Socialism attains adequate expression when, and only when, it becomes a mere figure of speech.

Free trade: for the benefit of the working class. Protective duties: for the benefit of the working class. Prison Reform: for the benefit of the working class. This is the last word and the only seriously meant word of bourgeois socialism.

It is summed up in the phrase: the bourgeois is a bourgeois – for the benefit of the working class.

3. Критически-утопический социализм и коммунизм

Мы не говорим здесь о той литературе, которая во всех великих революциях нового времени выражала требования пролетариата (сочинения Бабёфа и т. д.).

Первые попытки пролетариата непосредственно осуществить свои собственные классовые интересы во время всеобщего возбуждения, в период ниспровержения феодального общества, неизбежно терпели крушение вследствие неразвитости самого пролетариата, а также вследствие отсутствия материальных условий его освобождения, так как эти условия являются лишь продуктом буржуазной эпохи. Революционная литература, сопровождавшая эти первые движения пролетариата, по своему содержанию неизбежно является реакционной. Она проповедует всеобщий аскетизм и грубую уравнительность.

Собственно социалистические и коммунистические системы, системы Сен-Симона, Фурье, Оуэна и т. д., возникают в первый, неразвитый период борьбы между пролетариатом и буржуазией, изображенный нами выше (см. «Буржуазия и пролетариат»).

Изобретатели этих систем, правда, видят противоположность классов, так же как и действие разрушительных элементов внутри самого господствующего общества. Но они не видят на стороне пролетариата никакой исторической самодеятельности, никакого свойственного ему политического движения.

Так как развитие классового антагонизма идет рука об руку с развитием промышленности, то они точно так же не могут еще найти материальных условий освобождения пролетариата и ищут такой социальной науки, таких социальных законов, которые создали бы эти условия.

Место общественной деятельности должна занять их личная изобретательская деятельность, место исторических условий освобождения — фантастические условия, место постепенно подвигающейся вперед организации пролетариата в класс — организация общества по придуманному ими рецепту. Дальнейшая история всего мира сводится для них к пропаганде и практическому осуществлению их общественных планов.

Правда, они сознают, что в этих своих планах защищают главным образом интересы рабочего класса как наиболее страдающего класса.

3. Critical-Utopian Socialism and Communism

We do not here refer to that literature which, in every great modern revolution, has always given voice to the demands of the proletariat, such as the writings of Babeuf and others.

The first direct attempts of the proletariat to attain its own ends, made in times of universal excitement, when feudal society was being overthrown, necessarily failed, owing to the then undeveloped state of the proletariat, as well as to the absence of the economic conditions for its emancipation, conditions that had yet to be produced, and could be produced by the impending bourgeois epoch alone. The revolutionary literature that accompanied these first movements of the proletariat had necessarily a reactionary character. It inculcated universal asceticism and social levelling in its crudest form.

The Socialist and Communist systems, properly so called, those of Saint-Simon, Fourier, Owen, and others, spring into existence in the early undeveloped period, described above, of the struggle between proletariat and bourgeoisie (see Section I. Bourgeois and Proletarians).

The founders of these systems see, indeed, the class antagonisms, as well as the action of the decomposing elements in the prevailing form of society. But the proletariat, as yet in its infancy, offers to them the spectacle of a class without any historical initiative or any independent political movement.

Since the development of class antagonism keeps even pace with the development of industry, the economic situation, as they find it, does not as yet offer to them the material conditions for the emancipation of the proletariat. They therefore search after a new social science, after new social laws, that are to create these conditions.

Historical action is to yield to their personal inventive action; historically created conditions of emancipation to fantastic ones; and the gradual, spontaneous class organisation of the proletariat to an organisation of society especially contrived by these inventors. Future history resolves itself, in their eyes, into the propaganda and the practical carrying out of their social plans.

In the formation of their plans, they are conscious of caring chiefly for the interests of the working class, as being the most suffering class.

Только в качестве этого наиболеестрадающего класса и существует для них пролетариат.

Однако неразвитая форма классовой борьбы, а также их собственное положение в жизни приводят к тому, что они считают себя стоящими высоко над этим классовым антагонизмом,

Они хотят улучшить положение всех членов общества, даже находящихся в самых лучших условиях. Поэтому они постоянно апеллируют ко всему обществу без различия и даже преимущественно — к господствующему классу. По их мнению, достаточно только понять их систему, чтобы признать ее самым лучшим планом самого лучшего из возможных обществ.

Они отвергают поэтому всякое политическое, в особенности всякое революционное, действие; они хотят достигнуть своей цели мирным путем и пытаются посредством мелких и, конечно, не удающихся опытов, силой примера проложить дорогу новому общественному евангелию.

Это фантастическое описание будущего общества возникает в то время, когда пролетариат еще находится в очень неразвитом состоянии и представляет себе поэтому свое собственное положение еще фантастически, оно возникает из первого исполненного предчувствий порыва пролетариата к всеобщему преобразованию общества.

Но в этих социалистических и коммунистических сочинениях содержатся также и критические элементы. Эти сочинения нападают на все основы существующего общества. Поэтому они дали в высшей степени ценный материал для просвещения рабочих. Их положительные выводы насчет будущего общества, например, уничтожение противоположности между городом и деревней, уничтожение семьи, частной наживы, наемного труда, провозглашение общественной гармонии, превращение государства в простое управление производством, — все эти положения выражают лишь необходимость устранения классовой противоположности, которая только что начинала развиваться и была известна им лишь в ее первичной бесформенной неопределенности. Поэтому и положения эти имеют еще совершенно утопический характер.

Значение критически-утопического социализма и коммунизма стоит в обратном отношении к историческому развитию.

Only from the point of view of being the most suffering class does the proletariat exist for them.

The undeveloped state of the class struggle, as well as their own surroundings, causes Socialists of this kind to consider themselves far superior to all class antagonisms. They want to improve the condition of every member of society, even that of the most favoured. Hence, they habitually appeal to society at large, without the distinction of class; nay, by preference, to the ruling class. For how can people, when once they understand their system, fail to see in it the best possible plan of the best possible state of society?

Hence, they reject all political, and especially all revolutionary action; they wish to attain their ends by peaceful means, necessarily doomed to failure, and by the force of example, to pave the way for the new social Gospel. Such fantastic pictures of future society, painted at a time when the proletariat is still in a very undeveloped state and has but a fantastic conception of its own position, correspond with the first instinctive yearnings of that class for a general reconstruction of society.

But these Socialist and Communist publications contain also a critical element. They attack every principle of existing society. Hence, they are full of the most valuable materials for the enlightenment of the working class.

The practical measures proposed in them – such as the abolition of the distinction between town and country, of the family, of the carrying on of industries for the account of private individuals, and of the wage system, the proclamation of social harmony, the conversion of the function of the state into a more superintendence of production – all these proposals point solely to the disappearance of class antagonisms which were, at that time, only just cropping up, and which, in these publications, are recognised in their earliest indistinct and undefined forms only. These proposals, therefore, are of a purely Utopian character.

The significance of Critical-Utopian Socialism and Communism bears an inverse relation to historical development.

По мере того как развивается и принимает все более определенные формы борьба классов, это фантастическое стремление возвыситься над ней, это преодоление ее фантастическим путем лишается всякого практического смысла и всякого теоретического оправдания. Поэтому, если основатели этих систем и были во многих отношениях революционны, то их ученики всегда образуют реакционные секты. Они крепко держатся старых воззрений своих учителей, невзирая на дальнейшее историческое развитие пролетариата. Поэтому они последовательно стараются вновь притупить классовую борьбу и примирить противоположности. Они все еще мечтают об осуществлении, путем опытов, своих общественных утопий, об учреждении отдельных фаланстеров, об основании внутренних колоний, об устройстве маленькой Икарии — карманного издания нового Иерусалима, — и для сооружения всех этих воздушных замков вынуждены обращаться к филантропии буржуазных сердец и кошельков. Они постепенно опускаются в категорию описанных выше реакционных или консервативных социалистов, отличаясь от них лишь более систематическим педантизмом и фанатической верой в чудодейственную силу своей социальной науки.

Вот почему они с ожесточением выступают против всякого политического движения рабочих, вызываемого, по их мнению, лишь слепым неверием в новое евангелие.

Оуэнисты в Англии и фурьеристы во Франции выступают — первые против чартистов, вторые против реформистов.

IV. Отношение коммунистов к различным оппозиционным партиям

После того, что было сказано в разделе II, понятно отношение коммунистов к сложившимся уже рабочим партиям, т. е. их отношение к чартистам в Англии и к сторонникам аграрной реформы в Северной Америке. Коммунисты борются во имя ближайших целей и интересов рабочего класса, но в то же время в движении сегодняшнего дня они отстаивают и будущность движения. Во Франции, в борьбе против консервативной и радикальной буржуазии, коммунисты примыкают к социалистическо-демократической партии, не отказываясь тем не менее

In proportion as the modern class struggle develops and takes definite shape, this fantastic standing apart from the contest, these fantastic attacks on it, lose all practical value and all theoretical justification. Therefore, although the originators of these systems were, in many respects, revolutionary, their disciples have, in every case, formed mere reactionary sects. They hold fast by the original views of their masters, in opposition to the progressive historical development of the proletariat. They, therefore, endeavour, and that consistently, to deaden the class struggle and to reconcile the class antagonisms. They still dream of experimental realisation of their social Utopias, of founding isolated "phalansteres", of establishing "Home Colonies", or setting up a "Little Icaria" – duodecimo editions of the New Jerusalem – and to realise all these castles in the air, they are compelled to appeal to the feelings and purses of the bourgeois. By degrees, they sink into the category of the reactionary [or] conservative Socialists depicted above, differing from these only by more systematic pedantry, and by their fanatical and superstitious belief in the miraculous effects of their social science.

They, therefore, violently oppose all political action on the part of the working class; such action, according to them, can only result from blind unbelief in the new Gospel.
The Owenites in England, and the Fourierists in France, respectively, oppose the Chartists and the Réformistes.

IV. Position of the Communists in Relation to the Various Existing Opposition Parties

Section II has made clear the relations of the Communists to the existing working-class parties, such as the Chartists in England and the Agrarian Reformers in America.
The Communists fight for the attainment of the immediate aims, for the enforcement of the momentary interests of the working class; but in the movement of the present, they also represent and take care of the future of that movement. In France, the Communists ally with the Social-Democrats against the conservative and radical bourgeoisie, reserving, however, the

от права относиться критически к фразам и иллюзиям, проистекающим из революционной традиции.

В Швейцарии они поддерживают радикалов, не упуская, однако, из виду, что эта партия состоит из противоречивых элементов, частью из демократических социалистов во французском стиле, частью из радикальных буржуа.

Среди поляков коммунисты поддерживают партию, которая ставит аграрную революцию условием национального освобождения, ту самую партию, которая вызвала краковское восстание 1846 года.

В Германии, поскольку буржуазия выступает революционно, коммунистическая партия борется вместе с ней против абсолютной монархии, феодальной земельной собственности и реакционного мещанства,

Но ни на минуту не перестает она вырабатывать у рабочих возможно более ясное сознание враждебной противоположности между буржуазией и пролетариатом, чтобы немецкие рабочие могли сейчас же использовать общественные и политические условия, которые должно принести с собой господство буржуазии, как оружие против нее же самой, чтобы, сейчас же после свержения реакционных классов в Германии, началась борьба против самой буржуазии.

На Германию коммунисты обращают главное свое внимание потому, что она находится накануне буржуазной революции, потому, что она совершит этот переворот при более прогрессивных условиях европейской цивилизации вообще, с гораздо более развитым пролетариатом, чем в Англии XVII и во Франции XVIII столетия. Немецкая буржуазная революция, следовательно, может быть лишь непосредственным прологом пролетарской революции.

Одним словом, коммунисты повсюду поддерживают всякое революционное движение, направленное против существующего общественного и политического строя.

Во всех этих движениях они выдвигают на первое место вопрос о собственности, как основной вопрос движения, независимо от того, принял ли он более или менее развитую форму.

Наконец, коммунисты повсюду добиваются объединения и соглашения между демократическими партиями всех стран.

Коммунисты считают презренным делом скрывать свои взгляды и намерения. Они открыто заявляют, что их цели могут быть достигнуты лишь путем насильственного

right to take up a critical position in regard to phases and illusions traditionally handed down from the great Revolution.

In Switzerland, they support the Radicals, without losing sight of the fact that this party consists of antagonistic elements, partly of Democratic Socialists, in the French sense, partly of radical bourgeois.

In Poland, they support the party that insists on an agrarian revolution as the prime condition for national emancipation, that party which fomented the insurrection of Cracow in 1846.

In Germany, they fight with the bourgeoisie whenever it acts in a revolutionary way, against the absolute monarchy, the feudal squirearchy, and the petty bourgeoisie.

But they never cease, for a single instant, to instil into the working class the clearest possible recognition of the hostile antagonism between bourgeoisie and proletariat, in order that the German workers may straightway use, as so many weapons against the bourgeoisie, the social and political conditions that the bourgeoisie must necessarily introduce along with its supremacy, and in order that, after the fall of the reactionary classes in Germany, the fight against the bourgeoisie itself may immediately begin.

The Communists turn their attention chiefly to Germany, because that country is on the eve of a bourgeois revolution that is bound to be carried out under more advanced conditions of European civilisation and with a much more developed proletariat than that of England was in the seventeenth, and France in the eighteenth century, and because the bourgeois revolution in Germany will be but the prelude to an immediately following proletarian revolution.

In short, the Communists everywhere support every revolutionary movement against the existing social and political order of things.

In all these movements, they bring to the front, as the leading question in each, the property question, no matter what its degree of development at the time.

Finally, they labour everywhere for the union and agreement of the democratic parties of all countries. The Communists disdain to conceal their views and aims. They openly declare that their ends can be attained only by

ниспровержения всего существующего общественного строя. Пусть господствующие классы содрогаются перед Коммунистической Революцией. Пролетариям нечего в ней терять кроме своих цепей. Приобретут же они весь мир.

ПРОЛЕТАРИИ ВСЕХ СТРАН, СОЕДИНЯЙТЕСЬ!

the forcible overthrow of all existing social conditions. Let the ruling classes tremble at a Communistic revolution. The proletarians have nothing to lose but their chains. They have a world to win.

Working Men of All Countries, Unite!

Printed in Great Britain
by Amazon